Leifert

Franz K. Stanzel

TYPISCHE FORMEN
DES ROMANS

8. Auflage

VANDENHOECK & RUPRECHT IN GÖTTINGEN

Franz K. Stanzel,

*geboren 1923 in Molln, Oberösterreich. Studierte An-
glistik, Germanistik und Vergleichende Sprachwissen-
schaft in Graz und an der Harvard Universität, Cam-
bridge, Mass. Promotion 1950. Assistent am Institut
für Englische Philologie der Universität Graz, Lehr-
beauftragter für Englisch und für Amerikakunde am
Dolmetschinstitut der Universität Graz. 1955 Habili-
tation für Englische Philologie. 1957 Diätendozent an
der Universität Göttingen. 1959 Ordinarius für Englische Philologie an der Universität Erlangen-Nürn-
berg, seit Sommersemester 1962 an der Universität Graz.
„Die typischen Erzählsituationen im Roman: Dargestellt an ‚Tom Jones‘, ‚Moby-Dick‘, ‚The Ambassadors‘, ‚Ulysses‘ u. a." Wien-Stuttgart 1955 (1963).
Zeitschriftenaufsätze und Beiträge zu Sammelwerken
hauptsächlich über Geschichte und Theorie des englischen Romans.*

8. Auflage 1976, 70.–84. Tausend

Kleine-Vandenhoeck-Reihe 1187

Umschlag: Hans Dieter Ullrich. — © Vandenhoeck & Ruprecht,
Göttingen 1964. — Printed in Germany. — Alle Rechte vorbehalten.
Ohne ausdrückliche Genehmigung des Verlages ist es nicht gestattet,
das Buch oder Teile daraus auf foto- oder akustomechanischem
Wege zu vervielfältigen.
Gesamtherstellung: Hubert & Co., Göttingen
ISBN 3-525-33212-2

ROMANTHEORIE UND ROMANTYPOLOGIE

*„Eine Stadt ist erobert und zerstört worden. Wer dies
so erzählt, umfaßt zwar alles, was nur ein solches Schicksal mit
sich bringt; allein ein so kurzer Bericht greift nicht das Gefühl
an. Stellt man aber ausführlich dar, was in diesem einzigen Satze
versteckt lag, so wird man das Feuer Häuser und Tempel ergreifen sehen, wird das Getöse einstürzender Gebäude hören, die
tausend verschiedenen Stimmen werden in einen Laut verschmel-
zen; da werden die einen unschlüssig fliehen, andere zum letzten
Mal in den Armen der Ihrigen liegen; da weinen Kinder und
Frauen, da sieht man Greise, die ein hartes Geschick diesen Tag
noch erleben läßt; weiter das Plündern auf geweihter und nicht
geweihter Stätte, das Fortschleppen der Beute, das Hin- und Her-
laufen derer, die sie holen, Menschen in Ketten vor ihrem Räu-
ber hergetrieben, eine Mutter, die versucht, ihr kleines Kind fest
an sich zu halten, endlich da, wo es große Beute gibt, die Sieger
selbst untereinander im Kampf. Mag, wie gesagt, das Wort Eroberung und Zerstörung alles dies in sich befassen, so sagt doch
die Benennung des Ganzen weit weniger als die Darstellung aller
Einzelheiten."*

(Quintilian, Institutio Oratoria, VIII, 3, 67—69 [1])

Es ist ein Gemeinplatz der antiken Rhetorik, daß verschiedene
Redestile oder Erzählweisen verschiedene Wirkungen auf den
Zuhörer oder Leser ausüben. Die ältere Poetik des Romans ist
so voreingenommen von der Frage, was der rechte Inhalt des
Romans sei, daß in ihr diese fundamentale Erkenntnis kaum beachtet wird. Der Mangel an poetologischer Selbstbesinnung führt
den älteren Roman in jene Demirespektabilität, die ihm im Vergleich mit den anderen Gattungen der Literatur bis weit ins 19.
Jahrhundert hinein anhaftet. Gottscheds Diktum „Ein Roman ist
zwar ... unter die Gattungen der Poesie zu rechnen, er erlangt
aber bei derselben nur eine der untersten Stellen" [2] stammt aus

einer Zeit, da die großen Romane des 18. und 19. Jahrhunderts noch nicht geschrieben waren. Wie aber wird verständlich, daß noch Paul Ernst, also nach Fielding, Goethe, Stendhal, George Eliot, Flaubert, Raabe und Henry James, zu sagen vermag: „Der Roman wird stets Halbkunst bleiben, weil ihm der Zwang zur Form fehlt."[3] Es ist ganz klar, daß hier ein für den Roman nicht zutreffender Begriff der Form dem Verständnis im Wege steht. Es ist unangebracht, solche Fehlurteile der schieren Ignoranz ihrer Verkünder anzulasten oder über diese Verkennung des literarischen Ranges einer ganzen Gattung zu klagen. Man bedenke nur, daß der Roman zur gleichen Zeit, da es keine umfassende Theorie des Romans gab und da der Romanautor nur als „Halbbruder" des eigentlichen Dichters gelten durfte, in schönster Blüte stand und Werke in dieser Gattung hervorgebracht wurden, denen die Gegenwart nicht sehr viel Ebenbürtiges zur Seite zu stellen hat.

Seit der Mitte des 19. Jahrhunderts hat sich in diesem Punkt ein so entscheidender Wandel vollzogen, daß es berechtigt ist, das letzte Jahrhundert in einer Geschichte der Literaturkritik als die Epoche der Poetik und Theorie des Romans zu bezeichnen. Damit scheint die Geschichte des Romans noch eindringlicher als die der anderen Dichtungsgattungen das eigentümliche Paradoxon zu bestätigen, daß die brauchbare Dichtungslehre dem Werk, das sie begreifbar macht, immer nachhinkt, während die Poetik, die dem Werk vorausgeht, sich angesichts des einzelnen Werkes fast immer als unzulänglich erweist. Unter diesen Umständen muß man sich die Frage vorlegen, ob die Verzögerung der poetologischen Selbstbesinnung des Romans überhaupt seiner Entwicklung geschadet hat. Einer der auffälligsten Züge der Geschichte des Romans vor Flaubert und Henry James im Vergleich zu jener der anderen literarischen Gattungen der gleichen Zeit ist der virtuose Dilettantismus, die inspirierte Amateurhaftigkeit seiner Autoren[4]. Es ist sehr unwahrscheinlich, daß eine einläßliche Theorie des Romans von diesen Autoren überhaupt beachtet, geschweige denn respektiert worden wäre. Diese Amateur-Tradition ist im übrigen auch heute noch nicht erloschen, im Gegenteil, sie hat ihre eigene Apologie entwickelt, deren klassisches Werk, E. M. Forsters *Aspects of the Novel* (1927), auch eine Art Poetik des Romans ist. Es kann nicht übersehen werden, daß die robuste Vitalität, welche der Roman als Gattung in den letzten beiden

4

Jahrhunderten zur immer wieder neuen Überraschung seiner Kritiker und Theoretiker unter Beweis gestellt hat, zu einem nicht unerheblichen Teil mit eben dieser poetologischen Sorglosigkeit so vieler Romanautoren zusammenhängt. Dieser Amateur-Tradition des Romans wird auch in Zukunft noch mancher Erfolg beschieden sein, vor allem dort, wo es gilt, dem Roman neue Stoffgebiete zu erschließen. Es kann anderseits aber ziemlich sicher vorausgesagt werden, daß nur wenige Romane, die diese Tradition noch hervorbringen wird, Anspruch auf literarischen Rang werden erheben können. Denn eine Erkenntnis hat die neue Romantheorie ein für allemal und unwiderlegbar gesichert, daß die Möglichkeiten des Romans, auf seine ihm ganz eigene und einzigartige Weise Dichtung zu sein, nicht in der Darstellung eines besonderen Weltbezirks, eines besonderen Stoffes, sondern in der sprachlichen Formung und erzählerischen Gestaltung eines Stoffes liegen. Zu dieser Erkenntnis wurde die Romantheorie durch die immer stärker werdende Konkurrenz zwischen dem Roman und den anderen literarischen Gattungen wie auch den übrigen Medien der Welterfassung gebracht. So war es nicht zuletzt die Einsicht, daß der Roman in der authentischen Wirklichkeitsproduktion von der Historie, dem soziologischen, psychologischen und kriminalistischen Rapport, dem Gerichtsprotokoll, der klinischen Krankengeschichte, dem Reisebericht, dem Kriegstagebuch, aber auch dem Film und Fernsehen überrundet worden ist, die entscheidend dazu beitrug, daß der Roman sein früheres Versessensein auf das Wirkliche, d. h. das Nicht-Imaginäre, das historisch oder statistisch Nachweisbare, überwinden konnte. Roman ist Fiktion, ist gedichtete Welt, in der eine — mit Hegels Worten — „der Schönheit und Kunst verwandte und befreundete Wirklichkeit"[5] zur Darstellung gelangt. Solcherart dargestellte Wirklichkeit ist der historischen oder empirischen Wirklichkeit unserer Alltagserfahrung überlegen. Sie weist ein bedeutungsvolles Sinngefüge auf, wo die Wirklichkeit unserer Alltagserfahrung bedeutungsarm, ohne inneren Zusammenhang, ungegliedert, chaotisch zu sein scheint. Die Geschichte eines Julien Sorel oder eines Heinrich Lee, aber auch einer Clarissa Harlowe oder eines Leopold Bloom, von denen nur ein Teil ihrer Geschichte, eine „tranche de vie" bekannt gemacht wird, vermittelt dem Leser einen Einblick in das Leben der Charaktere, der viel tiefere und wesentlichere Gedanken über den Sinn dieser Lebensschicksale auszulösen vermag als der Umgang mit ähnlichen Personen, die Erfahrung ähnlicher Schicksale in der Wirklichkeit. Die Verwandlung der Erfahrungswirklichkeit in der schöpferischen Imagination des Autors, in welcher sich diese Steigerung vollzieht, determiniert auch bereits die sprachliche Form, die erzählerische Gestaltung der Geschichte. Gleichzeitig wirken Stil und Erzählform auf die Geschichte zurück, indem sie ihren Sinnbereich abgrenzen oder ausweiten, Bezüge zwischen den Teilen stiften, eine Perspektive einrichten, von der aus sich die außergewöhnlichen und zugleich auch bedeutungsvollen Aspekte der Geschichte eindringlich darbieten. Kurzum, Erzählstil und Erzählform in einem Roman sind nicht nur Mittel des Ausdrucks, sondern entscheidende Elemente im Gestaltungsvorgang selbst oder, mit den Worten Mark Schorers, „Technique is the only means [the author] has of discovering, exploring, developing his subject, of conveying its meaning and, finally, of evaluating it"[6]. Diese Erkenntnis war wahrscheinlich nie ganz neu, aber dennoch hat sie, sobald sie mit allen aus ihr zu ziehenden Folgerungen ernst genommen wurde, eine epochale Wende in der Poetik des Romans ausgelöst. Es waren vor allem zwei Autoren, die durch ihre Romane ebenso wie durch ihre theoretischen Reflexionen über das Außerordentliche ihrer Romankunst die Romantheorie zu dieser Besinnung geführt haben: Gustave Flaubert und Henry James. Von Flauberts *Education sentimentale* sagte Marcel Proust, ihr Autor habe „mit seinem Stil wie Kant einst mit seiner Erkenntnistheorie unsere *vision des choses* erneuert"[7]. Henry James' Name ist unlöslich mit dem Begriff des *point of view*, des Erzählerstandpunktes, verknüpft, der sich als ein Grundprinzip der Darstellung im Roman erwiesen hat, zu dem hin auch seine anderen Gestaltungskategorien orientiert sind[8]. Für die Romantheorie ergab sich aus dem Vermächtnis dieser beiden, das bald durch weitere „Neutöner" unter den Romanautoren, vor allem Marcel Proust und James Joyce, erweitert worden ist, die Aufgabe, die Erzählweisen und Aufbauformen des Romans auf ihre mitschöpferische, d. h. sinngebende und sinndeutende Funktion zu untersuchen.

Was sich dabei zeigt, ist erstaunlich genug. Dem Roman scheint ein fast unausschöpfbares Arsenal von Darstellungsmitteln, Erzählweisen, Bauformen usw. zur Verfügung zu stehen. Die weitaus meisten Romanautoren haben aber bis vor kurzem von dieser Formenvielfalt nur recht zögernd Gebrauch gemacht, sich lieber auf das „Wohlerprobte" verlassen als das Neue gewagt. Das ist zum Teil wahrscheinlich eine Folge der Neigung vieler Autoren zu jener Amateur-Tradition, von der bereits die Rede war. In noch stärkerem Maße aber ist es das Wirken der literarischen Tradition ganz allgemein, die sich in der Geschichte des Romans als ebenso wirksamer Einflußfaktor zeigt wie in der übrigen Literatur. Wenn in den letzten Jahrzehnten die Experimentierfreude der Romanautoren, die Lust, nach neuen Möglichkeiten der Darstellung zu suchen, beträchtlich zugenommen hat und bei manchem Autor bereits zur Manier geworden ist, dann ist das neben dem Beispiel der oben genannten Autoren wesentlich auf die Anregung, welche Romankritik und Romantheorie gegeben haben, zurückzuführen. Nachdem hier einige Zeit der sensationellen Neuerung, der alle Konventionen brechenden Novität der Preis zuerkannt wurde, scheint sich nun die Entwicklung ruhigeren Bahnen zuzuwenden. Es beginnt den Autoren wie auch der Kritik klarzuwerden, welche Gestaltungspotenzen in den herkömmlichen Erzählformen noch unentdeckt und ungenützt verborgen sind. Die Jagd nach der unerhörten Novität ist nicht mehr so aktuell wie vor zwei oder drei Jahrzehnten, seit man ahnt, welche überraschenden Effekte durch die bloße Modifikation der vorherrschenden Typen des Romans möglich sind. Es gilt daher, das Grundlegende, Wesentliche der Gattung des Romans, seine herkömmlichen Ausfaltungen und Abwandlungen zu studieren, um das Geheimnis ihrer historischen Bewährung und Fruchtbarkeit zu erfassen, zugleich aber auch zu entdecken, wo sich ihre Gestaltungspotenz noch nicht voll realisiert, sich noch nicht in allen denkbaren Variationen zur höchsten Subtilität ausgefaltet hat. Damit ist auch bereits die Aufgabe, die sich daraus der Romantypologie stellt, in groben Umrissen angedeutet.

Die Typologie des Romans ist ein Produkt der Bestrebungen der Romankritik und Romantheorie, der Fülle der Phänomene und Formen, die diese Gattung darbietet, ein ordnendes Prinzip gegenüberzustellen, so daß diese Fülle überschaubar und beschreibbar wird. Die Romantheorie, die ein Kritiker sehr zutreffend die „verwegenste unter den literarischen Theorien"[9] genannt hat, hat durch die Anwendung des typologischen Verfahrens ein gut Teil ihrer Verwegenheit aufgegeben, ohne gleichzeitig zu irgendwelchen normativen Vorschreibungen von verbindlichen Modellen Zuflucht zu nehmen. Das in der heutigen

Literaturkritik überall gegenwärtige Mißtrauen gegenüber solchen normativen Vorschreibungen hat sich aber nicht ohne weiters von den Typologien des Romans abwenden lassen. Wo Einwände dieser Art gemacht werden, geschieht dies nicht selten zu Unrecht, meist aus Unkenntnis der Absicht des Typologen. Eine Typologie dekretiert keine Modelle, für deren Nachahmung die Autoren vom Kritiker oder Typologen Beifall zu erwarten haben, sondern sie zeigt an Hand von gedanklichen Konstruktionen die Möglichkeiten des Romans auf, Welt zu gestalten, ihr Sinngefüge anschaubar zu machen. Im Grunde verfährt der Romantypologe dabei ähnlich wie der Sozialwissenschaftler, der mit Hilfe etwa einer Abstraktion wie jener des „Idealtypus" das Wesen oder das innere Gesetz und die möglichen Beziehungen in einem gesellschaftlichen, wirtschaftlichen oder politischen Gebilde, wie z. B. der mittelalterlichen Stadtwirtschaft, der unmittelbaren Anschauung zugänglich machen will. Die Analogie springt ins Auge, wenn man etwa bei dem Soziologen Max Weber folgende Begriffsbestimmung seines „Idealtypus" liest: „Dieses Gedankenbild vereinigt bestimmte Beziehungen und Vorgänge des historischen Lebens zu einem in sich widerspruchslosen Kosmos g e d a c h t e r Zusammenhänge. Inhaltlich trägt diese Konstruktion den Charakter einer U t o p i e an sich, die durch g e d a n k l i c h e Steigerung bestimmter Elemente der Wirklichkeit gewonnen ist." [10] Auch Romantypen sind als gedankliche Konstruktionen zu verstehen, die in der Literatur im einzelnen Werk nie vollkommen verwirklicht werden und deren Verwirklichung niemand fordert. Durch die gedankliche Klärung und Steigerung der sie konstituierenden Elemente werden aber ihre charakteristischen Wesenszüge und die in ihnen enthaltenen allgemeinen Darstellungsmöglichkeiten unmittelbar anschaulich. Indem sich ein Roman einem der möglichen Typen der Gattung zuordnen läßt, wird die für den Typus charakteristische Struktur auch für diesen Roman sichtbar oder aber gibt sich die Abweichung der besonderen Romanstruktur von jener des Typus zu erkennen. Romantypen, wie sie hier verstanden werden, sind überzeitliche Konstanten und als solche von den historischen Formen des Romans, z. B. Ritterroman, Schauerroman usw. klar zu unterscheiden. Diese sind Gegenstand der Literaturgeschichte, jene sind Aufgabe der Allgemeinen Literaturwissenschaft und im besonderen der Gattungslehre, zu der auch die Typologie zu rechnen ist [11].

Es wäre aber verhängnisvoll, wenn die Literaturwissenschaft ihre gedanklichen Schemata ohne jede Rücksicht auf den Befund der Literaturgeschichte und der Werkinterpretationen konstruieren würde. Was an innerer Logik dabei zu gewinnen wäre, müßte mit Einbußen in der praktischen Anwendbarkeit der Typen in der Interpretation bezahlt werden. Gattungslehre und Typologien stehen von allen Gebieten der Literaturwissenschaft am meisten in Gefahr, den Versuchungen einer wirklichkeitsvergessenden Spekulation zu verfallen und sich damit jener Satire auszusetzen, die Swift in *Gulliver's Travels* gegen die ganz der spekulativen Wissenschaft verschriebenen Akademiker von Lagado gerichtet hat. Die Forderung, daß sich eine Romantypologie mit den in ihr gesetzten Typen an den wirklichen Romanen zu bewähren habe, schränkt die Freizügigkeit des Typologen nicht in unbilliger Weise ein. Sie lenkt jedoch seine Aufmerksamkeit in der Vielzahl der denkbaren typologischen Ansätze auf jene, welche durch eine entsprechende Tendenz auch in der historischen Entwicklung des Romans eine gewisse Bestätigung finden[12]. Auch dann bleibt dem Typologen noch die Wahl zwischen mehreren Ansätzen. Auszuscheiden sind allerdings typologische Gliederungen nach Stoffen, Themen, Figuren, Wirklichkeitsbezirken usw., denn Kriegs-, Abenteuer-, See-, Entwicklungs-, Generationen-, Detektiv- oder Bewußtseinsroman bezeichnen Gruppen, die im wesentlichen inhaltlich-stofflich und damit historisch bedingt sind und daher nicht jene ahistorische Konstanz aufweisen, die Typen in unserem Sinne eignen muß. Es darf allerdings nicht übersehen werden, daß mit mancher dieser Gruppen auch echte typenbildende Elemente gegeben sind. So sind z. B. Abenteuer- und Entwicklungsroman im allgemeinen durch Einsträngigkeit der Handlungsführung, Generationen- und Familienroman durch Vielsträngigkeit gekennzeichnet. Ebenso ist der Bewußtseinsroman meist nicht nur inhaltlich, sondern ebenso erzähltechnisch und strukturell von den anderen Gruppen unterschieden, doch werden diese Merkmale in einer solchen Gruppierung den stofflichen Merkmalen untergeordnet.

Die Gültigkeit und Relevanz einer Typologie hängt weiters von der gattungswissenschaftlichen Wesentlichkeit der ihr zugrunde liegenden *causa partitionis* ab. Je näher diese dem Gattungskern kommt, desto aufschlußreicher werden die nach ihr bestimmten Typen sein. Mit anderen Worten, die Zuordnung eines Romans zu einem Typus muß an diesem Roman ein ihn bestimmendes Gestaltungsgefüge sichtbar werden lassen. Die typologische Klassifikation ist gleichsam die Röntgenaufnahme der Sinnstruktur eines Romans, deren ungefähre Umrisse den Leser und Interpreten auf die Spur der Individualkontur, der unverwechselbaren geistigen Physiognomie des Werkes führen sollen. Auf diese Weise wird eine Typologie des Romans zur Interpretationshilfe. Sie weist auf das allgemein Bestimmende, auf das Wesentliche in der Anlage, im Aufbau, in der Erzählsituation eines Romans hin, zeigt die Voraussetzungen und Bedingungen auf, unter welchen das Erzählte hinzunehmen und zu verstehen ist, führt also den Leser zu jenen Aspekten des Werkes, aus welchen allein sich dieses vielleicht nicht immer erschöpfend interpretieren läßt, die aber, werden sie zur Grundlage oder zum Ausgangspunkt der Interpretation gemacht, immer davor bewahren, daß man sich dabei im unbedeutenden Einzelnen oder Irrelevanten verliert. Auch kann eine typologische Klassifikation dazu beitragen, das zu interpretierende Werk besser überschaubar zu machen, indem die Typenzuordnung einen Gestaltungszug des Romans hervorhebt, auf den sich die Fülle der anderen Erscheinungen hinordnen läßt. Das Problem, wie das Gesamtwerk unter die Kontrolle des Interpreten gebracht werden kann, stellt sich nämlich nicht nur bei umfangreichen Romanen, sondern tritt auch bei Romanen durchschnittlicher Länge bereits in Erscheinung. Die Interpretationslehre hat dieser Frage bisher nur wenig Aufmerksamkeit geschenkt[13]. Schließlich sei noch eine weitere Aufgabe und Leistung der Romantypologie erwähnt. Sie macht Werke der verschiedensten Art vergleichbar, indem sie in der typologischen Klassifikation gleichsam ein *tertium comparationis* aufdeckt. Die Definition und Abgrenzung des Gemeinsamen zweier Werke schärft aber dann sogleich den Blick für die Eigenart und Besonderheit des einzelnen Werkes. Dieses altbewährte Verfahren der Interpretation kann durch die Typologie des Romans gestützt und gefördert werden.

Die Vielschichtigkeit des literarischen Werkes ermöglicht verschiedene typologische Ansätze. Jede Typologie muß sich daher als Wegweiser jeweils nur zu einer Teilregion auf der dicht bezeichneten Landkarte eines Werkes bescheiden. Es ist daher für den Interpreten wichtig, mehrere Typologien parat zu halten, um diejenige, deren Ansatz der besonderen Interpretationsabsicht am weitesten entgegenzukommen scheint, für die typologische Klassifikation des Werkes auswählen zu können, oder aber um das Werk für die Interpretation durch eine mehrfache typologische Klassifikation, d. h. durch eine Bestimmung seiner Sinnstruktur von mehreren Aspekten her, vorzubereiten. Die im folgenden beschriebenen Typologien des Romans wurden daher mit der Absicht ausgewählt, zu zeigen, von welch verschiedenen Gesichtspunkten aus Typologien entworfen werden können und wie sich diese verschiedenen Typologien in ihrem Befund am einzelnen Werk gegenseitig ergänzen.

TYPEN DER ERZÄHLSITUATION

Der am Anfang zitierten Stelle aus Quintilians Rhetorik ist zu entnehmen, daß Quintilian zwei Erzählweisen unterscheidet, einen knapp zusammenfassenden, auf das Ergebnis oder die Folgen eines Geschehens zielenden Bericht und eine die Einzelheit des Geschehnisablaufes ausführlich schildernde Darstellung. Dies sind die beiden Grundformen des Erzählens, von denen jede Erörterung der Formen erzählender Dichtung auszugehen hat. Norman Friedman hat in seinem Aufsatz „Point of View in Fiction: The Development of a Critical Concept" [14] die Geläufigkeit dieser begrifflichen Unterscheidung seit Plato und Aristoteles nachgewiesen. Aus Friedmans Belegen geht jedoch auch hervor, daß sich gerade die Romantheorie erst sehr spät dieser Unterscheidung zu bedienen begann. In der deutschen Romantheorie war es Otto Ludwig, der diese beiden Grundformen des Erzählens neu definierte und damit wieder in Erinnerung brachte. Er nennt die eine „eigentliche Erzählung", die andere „szenische Erzählung" und läßt daneben als dritte eine Mischform aus den beiden gelten, womit er dem Umstand gerecht wird, daß sich in einem Roman die beiden Grundformen auf die vielfältigste Weise miteinander verquicken können [15]. Spätere Theoretiker haben noch genauer zu scheiden versucht, etwa zwischen Bericht, Beschreibung, Bild, Szene, Gespräch (Robert Petsch), wozu dann noch Tableau und Reflexion kamen [16]. Bei der Konstituierung der typischen Erzählsituationen ist von den beiden Grundformen Bericht und Darstellung, oder berichtender Erzählung und szenischer Darstellung, wie sie hinfort um der terminologischen Eindeutigkeit willen benannt werden sollen, auszugehen. Es ist wichtig festzuhalten, daß damit nicht der Gegensatz „episch" — „dramatisch" gemeint ist. Vielmehr umfaßt der epische Vorgang immer beide Grundformen des Erzählens. Auch würde das, was in einem Roman in szenischer Darstellung erscheint, wenn es sich nicht um eine reine Dialogszene handelt, im Drama meist nur mit Hilfe epischer Mittel (Mauerschau, Botenbericht) darstellbar werden. Zutreffender wäre hingegen, den Unterschied im Erzählvorgang zwischen den beiden Grundformen mit „panoramatisch" für berichtende Erzählung und „mimetisch" für szenische Darstellung zu charakterisieren. Einfacher als auf dem Weg über Begriffsdefinitionen ist der Unterschied zwischen den beiden Grundformen des Erzählens an Textbeispielen vorzuführen. Zu diesem Zweck soll ein der eingangs zitierten Quintilianstelle ungefähr entsprechender Sachverhalt zuerst in berichtender Erzählung und dann in szenischer Darstellung geboten werden.

Erste Version (berichtende Erzählung): *Im Verlauf des Krieges ist schließlich auch diese Stadt erobert und zerstört worden. Dabei wurden fast alle Häuser und Tempel vom Feuer, das die Eroberer gelegt hatten, eingeäschert. Der Einwohner der Stadt, meist Frauen, Kinder und Greise, bemächtigte sich eine Panik. Es wird berichtet, daß die Eroberer in erster Linie auf Beute bedacht waren. Vermutlich sind damals auch die reichen Tempelschätze der Stadt völlig ausgeplündert worden. Von Augenzeugen wird erzählt, die plündernden Soldaten seien bei der Verteilung dieser reichen Beute untereinander in Streit geraten. Wie es dem damaligen Kriegsrecht entsprach, wurde ein Großteil der Einwohner von den Eroberern als Gefangene verschleppt, wodurch manches Kind seine Mutter, manche Gattin ihren Mann verlor.*

Zweite Version (szenische Darstellung): *Vom Dach seines Hauses, das in einiger Entfernung von der östlichen Stadtmauer gelegen war, konnte er ganz deutlich hören, daß es den Belagerern gelungen sein mußte, in die Stadt einzudringen. Der Kampflärm kam immer näher. Schon zeigte sich roter Feuer-*

schein über den Dächern der Häuser in dieser Richtung. Überall in den Gassen begannen Menschen zu laufen, hierhin und dorthin, keiner schien zu wissen, wo in diesem Augenblick der höchsten Not Hilfe zu finden wäre. Direkt vor seinem Haus hatte sich eine Gruppe Menschen angesammelt, weinende Frauen und Kinder und hilflose Greise, denen die Angst ins Gesicht geschrieben stand. Doch noch ehe sie zu einem Entschluß gekommen waren, wohin sie sich wenden sollten, tauchten schon die ersten feindlichen Soldaten am unteren Ende der Straße auf. Diese liefen gerade auf den Eingang des Tempels zu und drangen in ihn ein. Wenig später erschien der erste von ihnen wieder, beladen mit Beute. Sogleich stürzten sich andere Soldaten auf ihn und versuchten ihm einen Teil seines Beutegutes zu entreißen. Der Lärm der plündernden Soldaten, das Angstgeschrei der Frauen und Kinder , das Prasseln des Feuers, das nun schon den ganzen östlichen Stadtteil erfaßt hatte, erfüllte die Luft. Von seinem Versteck aus konnte er beobachten, wie man begann, einen Teil der Einwohner als Gefangene zu fesseln und fortzuführen. Eine Mutter versuchte verzweifelt, ihr Kind festzuhalten ...

Die Unterschiede in der Wirkung der beiden Versionen auf den Leser sind offensichtlich. In der ersten Version, in der das Geschehen in berichtender Erzählung vermittelt wird, nimmt der Leser das Ereignis aus der zeitlichen und räumlichen Ferne, in welcher sich der Berichterstatter vom Ereignis zu befinden scheint, wahr. Die Ereignisse im einzelnen wie auch der Vorgang im ganzen sind in der Vorstellung des Lesers in der Vergangenheit abgeschlossen. Die wichtigen Begebenheiten werden in knapper Zusammenfassung ihrer Folgen zur Kenntnis gebracht. Der Erzähler zeigt sich an Einzelheiten nicht interessiert oder ist aus seiner Quelle oder durch seinen Gewährsmann darüber nicht unterrichtet. Die Distanz des Erzählers vom Geschehen schließt auch ein engeres Engagement des Lesers mit dem Geschehen aus. Der Bericht zielt vor allem auf die sachliche Vermittlung von Informationen an den Leser. Ganz anders zieht dagegen die zweite Version, in welcher die Eroberung der Stadt in szenischer Darstellung geboten wird, den Leser in ihren Bann. Hier wird der Leser zum Augenzeugen des Geschehens, indem er sich mit Hilfe seiner Vorstellung in jene Gestalt versetzt, die vom Dach ihres Hauses herab das Eindringen der Eroberer beobachtet. Das Geschehen wird im Ablauf seiner Einzelheiten wie gegenwärtig dargestellt, wodurch der Leser gezwungen wird, das Geschehen gleichsam *in actu* mitzuerleben. Anteilnahme, Schrecken, Spannung, Ungewißheit kennzeichnen die Wirkung dieser Version auf den Leser. Aufschlußreich sind die Ergänzungen, die der ursprünglichen Mitteilung des Sachverhaltes bei Quintilian, die wie eine Inhaltsangabe gehalten ist, jeweils hinzugefügt werden mußten, um die Erzählweise zu charakterisieren. In der berichtenden Erzählung sind es Hinweise auf den Berichtvorgang, die das Erzählte vom Standpunkt eines Erzählers und als Vergangenes erscheinen lassen. In der szenischen Darstellung treten dafür Orts- und Zeitangaben ein, die eine genaue Orientierung des Lesers, der sich auf dem Schauplatz des Geschehens gegenwärtig glaubt, ermöglichen. Als Folge davon kann hier das epische Präteritum der Darstellung seine Vergangenheitsbedeutung aufgeben und ein Geschehen, das als gegenwärtig vorzustellen ist, bezeichnen, während bei berichtender Erzählweise die Vergangenheitsbedeutung des epischen Präteritums nicht aufgehoben wird, wie an der ersten Version nachzuprüfen ist[17]. Es muß hier außer Betracht bleiben, was bei einer Interpretation natürlich zu berücksichtigen wäre, nämlich die Frage, welche Rolle der Stelle im Gesamtaufbau des jeweiligen Romans zukommt. Im Zusammenhang des Romanganzen wäre es durchaus denkbar, daß die herausgelöst recht plan wirkende erste Version einen stärker anschaulichen und gefühlsgeladenen Eindruck auf den Leser hinterläßt. Ein solcher Eindruck würde sich vor allem dann ergeben, wenn diesem Abschnitt berichtender Erzählung ein Stück szenischer Darstellung voranstünde, in dem Ähnliches erzählt worden ist. Das im Anschauungsbild dieser szenischen Darstellung evozierte Gefühl würde sich dann dem folgenden knappen und sachlichen Bericht noch bis zu einem gewissen Grad mitteilen. Sieht man aber zunächst vom Kontext ab und stellt man die beiden Versionen isoliert nebeneinander, was hier auch aus methodischen Gründen notwendig ist, so zeigt sich, daß die beiden Stellen, abgesehen von der äußeren Begebenheit, fast nichts mehr miteinander gemeinsam haben. Die beiden Vorstellungen, die sich im Leser jeweils bilden, scheinen sich in kaum einem Punkt zu decken. Auch die Gedanken und Gefühle, die sich mit dem einen und dem anderen Vorstellungsbild verknüpfen, gehen weit auseinander. Man ist also berechtigt, von einem verschiedenen Gehalt der beiden Versionen zu sprechen. Ganz allgemein formuliert lautet also das Ergebnis: Der Gehalt einer Erzählung ist in einem wesentlichen Teil eine Funktion der Erzählweise und der Erzählform.

Die beiden Grundformen der Erzählung, denen somit eine weittragende Gestaltungskraft zugesprochen werden muß, eignen sich dennoch nicht als Basis für die Konstituierung von Typen. Sie treten nämlich fast immer in enger Verbindung miteinander in einem Roman auf. Das Überwiegen der einen oder anderen Erzählform allein würde als Typenmerkmal nicht sehr aufschlußreich sein. Noch schwerwiegender ist ein weiterer Grund, der gegen eine Konstituierung von Typen nur auf der Basis dieser Grundformen der Erzählung spricht. Die Verwendung der beiden Grundformen des Erzählens wird nämlich durch ein weiteres Grundelement des epischen Vorganges bestimmt, die Mittelbarkeit des epischen Vorganges, die sich im Erzähler und seinen verschiedenen Erscheinungsweisen im Roman konkretisiert. Dieser Umstand muß von einer Typologie, der die Erzählformen zugrunde liegen, unbedingt berücksichtigt werden. Es wäre an Hand der beiden Versionen von der Eroberung der Stadt leicht zu zeigen, wie stark sich die Darstellung des Geschehens und damit auch die Wirkung des Erzählten auf den Leser verändert, wenn man die Rolle, die Persönlichkeit oder den Standpunkt der beiden Vermittler verändert. Wie anders würde sich z. B. der Bericht des Erzählers der ersten Version anhören, hätte man sich diesen Erzähler nicht als unbeteiligten Chronisten, der die Dinge aus der zeitlichen Ferne und mit dem Gleichmut des um die Wahrheit bemühten Historikers betrachtet, vorzustellen, sondern als einen zeitgenössischen Berichterstatter, jemanden aus einer von den Eroberern ebenfalls bedrohten Nachbarstadt, wohin die Kunde von der Eroberung und Zerstörung der einen Stadt sogleich auf vielen Wegen gedrungen war. Wie anders würde auch die zweite Version ausfallen, wenn der Leser das Geschehen nicht mit den Augen eines Einwohners der Stadt, sondern vom Standpunkt eines plündernden Soldaten miterlebte. Noch anders würde sein Vorstellungsbild aussehen, wenn sich der Leser gleichsam als unsichtbarer Beobachter und ohne die Parteinahme eines bestimmten subjektiven Standpunktes an die Stätte des Geschehens versetzt sähe. Eine Typologie des Romans, die in ihrem Ansatz die gesamte Erzählsituation in einem Roman, d. h. beide Gegebenheiten, das Auftreten eines Erzählers in einer bestimmten Rolle und das Vorherrschen einer der beiden Grundformen des Erzählens, erfaßt, zielt auf jene entscheidende Stelle im Gefüge des Romans, wo sich am ehesten das Ineinanderwirken und die gegenseitige Abhängigkeit von Darstellungsform und Gehalt nachweisen läßt.

Es sind drei typische Erzählsituationen zu unterscheiden[18]:

I. Die auktoriale Erzählsituation. Das auszeichnende Merkmal dieser Erzählsituation ist die Anwesenheit eines persönlichen, sich in Einmengung und Kommentaren zum Erzählten kundgebenden Erzählers. Dieser Erzähler scheint auf den ersten Blick mit dem Autor identisch zu sein. Bei genauerer Betrachtung wird jedoch fast immer eine eigentümliche Verfremdung der Persönlichkeit des Autors in der Gestalt des Erzählers sichtbar. Er weiß weniger, manchmal auch mehr, als vom Autor zu erwarten wäre, er vertritt gelegentlich Meinungen, die nicht unbedingt auch die des Autors sein müssen. Dieser auktoriale Erzähler ist also eine eigenständige Gestalt, die ebenso vom Autor geschaffen worden ist, wie die Charaktere des Romans. Wesentlich für den auktorialen Erzähler ist, daß er als Mittelsmann der Geschichte einen Platz sozusagen an der Schwelle zwischen der fiktiven Welt des Romans und der Wirklichkeit des Autors und des Lesers einnimmt. Die der auktorialen Erzählsituation entsprechende Grundform des Erzählens ist die berichtende Erzählweise. Die szenische Darstellung, von der auch in einem Roman mit vorherrschend auktorialer Erzählsituation ausgiebiger Gebrauch gemacht werden kann, ordnet sich in Hinblick auf die in einem auktorialen Roman gegebene Orientierungslage des Lesers der berichtenden Erzählweise unter. Das Erzählte wird durchgehend als in der Vergangenheit liegend aufgefaßt, das epische Präteritum behält seine Vergangenheitsbedeutung.

II. Die Ich-Erzählsituation unterscheidet sich von der auktorialen Erzählsituation zunächst darin, daß hier der Erzähler zur Welt der Romancharaktere gehört. Er selbst hat das Geschehen erlebt, miterlebt oder beobachtet, oder unmittelbar von den eigentlichen Akteuren des Geschehens in Erfahrung gebracht. Auch hier herrscht die berichtende Erzählweise vor, der sich szenische Darstellung unterordnet. Beide Versionen der Quintilian-Stelle lassen sich durch Einfügen eines Ich-Bezuges an Stelle

16

des Erzählers bzw. des Augenzeugen in eine Ich-Erzählsituation umwandeln.

„Auch diese Stadt ist bald, nachdem ich sie verlassen hatte, vom Feind erobert und zerstört worden. Flüchtlinge, denen es noch gelungen war, nach der Eroberung die Stadt zu verlassen, erzählten mir von der Feuersbrunst, die die Stadt einäscherte und von der Panik der Einwohnerschaft ..."

„Vom Dach meines Hauses, das in einiger Entfernung von der östlichen Stadtmauer gelegen war, hörte ich jetzt Lärm. Es mußte den Belagerern gelungen sein, in die Stadt einzudringen ..."

Wie noch zu zeigen sein wird, macht diese zweifache Anlage der Ich-Erzählsituation besonders viele Abwandlungen möglich, so daß der Ich-Roman über einen besonders großen Reichtum verschiedener Gestaltungsformen verfügt.

III. Die personale Erzählsituation. Verzichtet der Erzähler auf seine Einmengungen in die Erzählung, tritt er so weit hinter den Charakteren des Romans zurück, daß seine Anwesenheit dem Leser nicht mehr bewußt wird, dann öffnet sich dem Leser die Illusion, er befände sich selbst auf dem Schauplatz des Geschehens oder er betrachte die dargestellte Welt mit den Augen einer Romanfigur, die jedoch nicht erzählt, sondern in deren Bewußtsein sich das Geschehen gleichsam spiegelt. Damit wird diese **Romanfigur** zur *persona*, zur Rollenmaske, die der Leser anlegt. Die zweite Version der Quintilian-Stelle gibt eine Probe dieser Erzählsituation. Was über die Wirkung der szenischen Darstellung, die in einer solchen Erzählsituation immer vorherrscht, gesagt wurde, gilt auch für die personale Erzählsituation im allgemeinen. Es ist vor allem die Illusion der Unmittelbarkeit, mit welcher das dargestellte Geschehen zur Vorstellung des Lesers wird, welche als charakteristisches Merkmal der personalen Erzählsituation anzusehen ist.

Die Anwendbarkeit dieser drei Typen in der Romaninterpretation hängt von der genauen Kenntnis der besonderen Gestaltungspotenz jedes der drei Typen ab. Im folgenden sollen daher diese drei typischen Erzählsituationen bzw. die drei ihnen entsprechenden Romantypen eingehender charakterisiert werden.

DER AUKTORIALE ROMAN

„'Der Erzähler' ist der Bewertende, der Fühlende, der Schauende. Er symbolisiert die uns seit Kant geläufige erkenntnistheoretische Auffassung, daß wir die Welt nicht ergreifen, wie sie an sich ist, sondern wie sie durch das Medium eines betrachtenden Geistes hindurchgegangen."

(Käte Friedemann, *Die Rolle des Erzählers in der Epik*)

Obwohl die weitaus meisten Werke der großen Tradition des Romans, die Romane von Cervantes, Fielding, Balzac, Goethe, Dickens, Thackeray, Raabe, Tolstoi usw., insofern sie nicht in der Ich-Form geschrieben sind, auktoriale Romane sind, ist sich die Romantheorie erst verhältnismäßig spät über die besondere Darstellungsleistung dieses Typus klargeworden. Man betrachtete den auktorialen Erzähler ganz allgemein als das Sprachrohr, durch welches der Autor sein Werk kommentiert, und übersah dabei, daß gerade diese Erzählerfigur erst interpretatorisch aufgeschlüsselt werden muß, um den Gehalt des Ganzen im richtigen Licht sichtbar werden zu lassen. In der Rolle des auktorialen Erzählers fiktiviert und dramatisiert der Autor seine Erzählfunktion. Dabei kann sich der Erzähler sehr weit von der historischen Persönlichkeit des Autors entfernen, im äußeren Fall kann aus ihm sogar ein irreführender Zwischenträger werden, dessen Unzuverlässigkeit den Leser, sobald er sie erkannt hat, zu einer kritischen Haltung ihm gegenüber zwingt. In jedem Fall jedoch bedeutet auktoriales Erzählen Selbstkundgabe eines persönlichen und außerhalb der dargestellten Welt stehenden Erzählers, der sich mit seiner Selbstkundgabe im Erzählakt auch der Interpretation stellt. Wichtige Anhaltspunkte dafür, wie sich der Leser zu ihm einzustellen hat, liefert bereits die vom Erzähler angenommene Rolle, etwa die des um die historische Wahrheit sehr bemühten Chronisten, des objektiven Herausgebers, des teilwissenden oder des allwissenden Erzählers. Daraus sind bereits Schlüsse auf die Lage seines Standpunktes, seine Perspektive und die Weite seines Beobachtungshorizontes zu ziehen. Die zahlreichen Möglichkeiten der Rolleneinkleidung und der Standpunktwahl dieses Erzählers sind von Norman Friedman in dem bereits erwähnten Aufsatz und von W. C. Booth in *The Rhetoric of Fiction* (1961) nahezu vollständig registriert worden.

Aufschlußreicher noch als die Rolleneinkleidung des auktorialen Erzählers sind seine Einmengungen, seine Zwischenrede und seine

Kommentare zum erzählten Geschehen. In diesen Einschaltungen zeichnet sich nämlich die geistige Physiognomie des auktorialen Erzählers ab, seine Interessen, seine Weltkenntnis, seine Einstellung zu politischen, sozialen und moralischen Fragen, seine Voreingenommenheit gegenüber bestimmten Personen oder Dingen. Da der Leser in allem, was die Geschichte betrifft, auf den Erzähler angewiesen ist, wird für ihn in einem auktorialen Roman diese Seite der Persönlichkeit des Erzählers immer von größtem Interesse sein.

Gegen die auktoriale Erzählsituation mit ihren diskursiven Einmengungen des Erzählers, die manchmal eine Tendenz zeigen, zum essayistischen Exkurs anzuschwellen, ist der Einwand erhoben worden, sie spalte die Einheit des Werkes in zwei Teile, in die Geschichte und eine Abhandlung darüber, da es sich dabei um Aussagen auf ganz verschiedenen Ebenen handle. Solche Einwände gegen die auktoriale Erzählsituation kommen seit dem Ende des 19. Jahrhunderts immer wieder aus jenem Lager der Romankritik, das im objektiv erzählten Roman oder im personalen Roman das Idealmodell des Romans schlechthin sieht. In Wirklichkeit handelt es sich hier nur um zwei grundsätzlich verschiedene, aber in jeder Hinsicht gleichberechtigte Erzählsituationen mit allerdings ganz konträrer Illusionslage. Die Bedingungen des einen Typus sind nicht auf den anderen Typus übertragbar.

Die hier entworfene Romantypologie kann für sich in Anspruch nehmen, zum Abbau von Vorurteilen gegen eine bestimmte Romanform, in welchen noch immer Vorstellungen der älteren normativen Poetik weiterleben, beizutragen, indem sie die möglichen typischen Formen als gleichberechtigte Ausfaltungen der Erzählgrundsituation des Romans begreift. Zur Rechtfertigung der auktorialen Erzählsituation sei hier jener Autor zitiert, der mehr als andere neuere Romanschriftsteller dazu beigetragen hat, daß der auktoriale Roman trotz aller Kritik seinen Platz auch in der Literatur der Gegenwart behaupten konnte. In einem Essay über seinen Roman *Joseph und seine Brüder* bemerkt Thomas Mann zu der auktorialen Zwischenrede und zum auktorialen Kommentar im Roman: „Wir haben da ein ästhetisches Problem, das mich oft beschäftigt hat. Die erörternde Rede, die schriftstellerische Einschaltung braucht nicht aus der Kunst zu fallen, sie kann ein Bestandteil davon, selber ein Kunstmittel sein. Das Buch weiß davon und spricht es aus, indem es auch noch den Kommentar kommentiert. Es sagt von sich selbst, daß die oft erzählte und durch viele Medien gegangene Geschichte hier durch eines gehe, worin sie gleichsam Selbstbesinnung gewinne und sich erörtere, indem sie sich abspiele. Die Erörterung gehört hier zum Spiel, sie ist eigentlich nicht die Rede des Autors, sondern die des Werkes selbst..."[19] Es ist charakteristisch für Thomas Mann, aus der Stimme des persönlichen Erzählers das Raunen von etwas Überpersönlichem herauszuhören. Hier spricht er von der Stimme „des Werkes selbst", die sich aus ihr vernehmen ließe, am Beginn des Romans *Der Erwählte* ist es der „Geist der Erzählung", der sich auf solche Weise kundgibt. Wie immer das zu verstehen sein mag — wo bei Mann mystifiziert wird, ist auch die Ironie nie ferne —, es scheint daraus die Erfahrung des Autors zu sprechen, daß sein Erzähler im Roman mehr oder anderes zu sagen hat als er, der Autor, ihm mit seinen eigenen Worten mitgegeben hat.

Poetologisch betrachtet erfüllt der auktoriale Erzähler neben seiner Aufgabe als Vermittler der Geschichte und als ihr Kommentator auch eine rhetorische Funktion. Seine Einmengungen üben nämlich gleichzeitig, während sie das Geschehen erläutern und kommentieren, einen vom Leser nicht immer bewußt wahrgenommenen Einfluß auf ihn aus. Sie regen seine Erwartung bezüglich der Geschichte in einer ganz bestimmten Richtung an, lenken sein Interesse, pflanzen Keime für Zweifel in Hinblick auf das Verhalten eines Charakters, steigern den Eindruck der einen Szene und dämpfen den einer andern usw. Der Leser ist also den auktorialen Suggestionen in viel größerem Maße ausgeliefert als ihm im allgemeinen bewußt wird. Wenn der „geschätzte" oder „aufmerksame" Leser vom Erzähler ins Vertrauen gezogen wird, etwa über eine Frage, wie wohl dies oder jenes Ereignis am besten darzustellen sei, oder über ein Problem, das die Gedanken des Erzählers persönlich und ganz unabhängig von der Erzählung zu beschäftigen scheint, so geschieht dies nicht zuletzt mit der Absicht, einen guten Kontakt zwischen Erzähler und Leser herzustellen, was wiederum die Voraussetzung dafür zu sein scheint, daß sich der Leser den unterschwelligen Anleitungen des Erzählers gegenüber öffnet.

Das Ausmaß der Selbstkundgabe eines auktorialen Erzählers kann von Roman zu Roman sehr verschieden sein. Sie macht z. B. einen erheblichen Teil von Thackerays *Vanity Fair* aus. In Jean Pauls

Siebenkäs zerrt der auktoriale Erzähler noch einmal soviel als mit der Geschichte des Armenadvokaten aus Kuhschnappel unmittelbar zu tun hat, in den Roman hinein und versteht es auch, den Leser dafür zu interessieren. Wir finden aber auch Romane, in denen der Erzähler bemüht ist, sich mehr im Hintergrund zu halten und nur gelegentlich mit einer ganz unpersönlich gehaltenen Anmerkung hervorzutreten, dann aber das Geschehen wieder unkommentiert für sich selbst sprechen zu lassen. Jane Austen hat diese Erzählweise mit großer Meisterschaft in allen ihren Romanen, besonders aber in *Emma*, zu nützen verstanden, und Flaubert hat dem Erzähler von *Madame Bovary* und *L'Éducation sentimentale* eine *impassibilité* zur Pflicht gemacht, die es ihm verbietet, seinen Gedanken und Gefühlen direkt Ausdruck zu verleihen. Diese Romane, in welchen außerdem die Gedanken der Hauptfigur in großer Ausführlichkeit dargestellt werden, gehören eigentlich schon zum Typus des personalen Romans, zeigen somit auf, wie der auktoriale Typus zu dem anderen hin abwandelbar ist. Romane von der Art des *Siebenkäs* und *Vanity Fair* weisen dagegen auf die Abwandelbarkeit des auktorialen Typus in der anderen Richtung, nämlich hin zum Ich-Roman. Darüber wird im Zusammenhang mit der Ich-Erzählsituation noch mehr zu sagen sein. Das Offensein der Typen zueinander soll aber damit schon angedeutet werden.

Ein weiteres markantes Merkmal der auktorialen Erzählsituation ist die klare Distanzierung des Erzählers von der dargestellten Welt. Das Spannungsfeld, das sich zwischen beiden bedeutungsvoll aufbaut, ist ein entscheidendes Spezifikum seines Sinngefüges. Nicht selten sind die beiden Pole, die Welt des auktorialen Erzählers und die Welt der Charaktere des Romans, gleichzusetzen mit *ordo* und Chaos, mit moralischem Gesetz und moralischer Verirrung, Sein und Schein, oder aber auch mit gesellschaftlicher Konvention bzw. Tradition und Anarchie. In diesem auf solche Weise ausbalancierten Kraftfeld des auktorialen Romans werden die bedrohlichen Spannungen eines Lebens, einer Epoche eingefangen und gewissermaßen erzählend neutralisiert. So vermittelt Fieldings auktorialer Erzähler in *Tom Jones* zwischen dem moralischen Risiko, das der Held in seinen Abenteuern auf sich nimmt und in dem sich ein Protest gegen den prüden Moralkodex seines Zeitgenossen Richardson hörbar macht, und den von seinen Lesern allgemein akzeptierten sittlichen Normen. Fast immer ist der auktoriale Erzähler konservativer als seine Helden. Diese Beobachtung hat z.B. Jean-Paul Sartre veranlaßt, aus dem Vorherrschen auktorialer und ähnlicher Erzählweisen bei den französischen Romanciers des 18. und 19. Jahrhunderts weitreichende Schlüsse auf deren wirklichkeitsfremde Passivität zu ziehen: „So ist das Abenteuer eine kurze Verwirrung, die abgetan ist. Sie wird vom Standpunkt der Erfahrung und der Weisheit aus erzählt und vom Standpunkt der Ordnung aus angehört. Die Ordnung triumphiert, die Ordnung ist überall ... Hat es überhaupt je eine Verwirrung gegeben? Das Heraufbeschwören eines brüsken Wandels würde diese bürgerliche Gesellschaft erschrecken." [20] Damit hat das Pendel der Kritik an dieser Romanform ihr anderes Extrem erreicht. Zuerst ließ man den Erzähler als eigenständige Figur, die der Interpretation viel zu sagen hat, außer Betracht, jetzt vergißt man die Geschichte, deren Irrungen und Wirrungen keineswegs damit aus der Welt geschafft sind, daß der Erzähler einen Modus findet, wie mit und neben ihnen das einigermaßen geordnete Leben weitergehen kann. Gerade mit dieser ausgleichenden Darstellungsleistung der auktorialen Erzählsituation erreicht übrigens der Roman seine größte ideelle Annäherung an das Epos, in dem es dem Dichter immer gelingt, den Weltstoff zu ordnen und Welt als Kosmos und Harmonie erleben zu lassen [21]. Aber der Roman ist eine „subjektive Epopöe, in welcher der Verfasser sich die Erlaubnis ausbittet, die Welt nach seiner Weise zu behandeln", wie es bei Goethe heißt, und die Zahl dieser denkbaren und möglichen Weisen der Weltbehandlung ist sehr groß [22]. Alle Grade der Spannung zwischen Erzähler und dargestellter Welt sind denkbar, bis hinab zur völligen Deckung der beiden Wertwelten, die im Trivial- oder Unterhaltungsroman am häufigsten erreicht wird. In diesen Werken ist es fast unmöglich, die Sehnsüchte und Glücksvorstellungen der Helden und Heldinnen von jenen des Erzählers und des Autors zu unterscheiden. Erzähler und Charaktere beziehen hier das karge Quentchen Innenwelt, das ihnen gegönnt ist, aus einem und demselben „Ideen- und Bewußtseinstopf". Oft ist es dann gar nicht möglich zu entscheiden, ob ein dargestellter Gedanke dem Erzähler oder einer Romanfigur zugehört, denn ihre geistigen Physiognomien unterscheiden sich nur wenig. Eine anspruchsvolle Romankritik könnte allerdings auch bei manchem bedeutenden Autor solche schwache Stellen der Erzählsituation finden. Sie sind z.B. nicht selten bei

E. M. Forster, der, wie er selbst eingestanden hat, dem *point of view* der Erzählung wenig Bedeutung beimißt[23].

Der auktoriale Roman läßt auch eine deutliche Affinität zur humoristischen, ironischen Weltschau und zum Spiel mit den Illusionen des Lebens und der Kunst erkennen, wie bereits in dem oben angeführten Zitat von Thomas Mann angeklungen ist. Nicht von ungefähr kommt es, daß Cervantes, Fielding und Jean Paul, die Klassiker des auktorialen Romans, auch als die Meister der ironischen Abgründe gelten können. Es ist die Leichtigkeit, mit der in solcher Erzählsituation der Erzähler seine nüchterne Perspektive über die Illusionen seiner Figuren stülpt — man vergleiche Cervantes' *Don Quijote* — oder umgekehrt der enthusiasmierte Erzähler seinen pedantisch trockenen oder kleinbürgerlich-trivialen Weltbezirk solange aufgeregt umflattert, bis dieser sich in seiner und, wie er hoffen darf, auch des Lesers Schau in ein wahres „Blumenstück" verwandelt hat. Als nahezu klassisches Beispiel für ein solches Verfahren sei die Episode „Der Brautkuß" aus Jean Pauls *Siebenkäs* zitiert.

Endlich waren alle Freudenfeuer des kleinen frohen Bundes niedergebrannt wie die Lichter, und die Nacht grub einen Edenfluß um den andern ab. Der Gäste und Lichter wurden weniger; jetzo war nur noch ein Gast da, der Rath Stiefel (denn Leitgeber ist keiner) und ein langes Licht. Es ist eine schöne erweichende Minute, nach dem Aussummen eines brausenden Gastmahl-Geläutes noch mit Einigen dazusitzen und stiller, oft trüber, sich in den Nachklang der Freude zu verlieren. Endlich brach der Rath das vorletzte Zelt dieses Lustlagers ab und wich; aber er litt es nicht, daß Finger, an welche seine Lippen mit allem Schnappen nicht kommen konnten, sich um einen kalten Messingleuchter legen sollten, um ihn hinunter zu leuchten. Leibgeber mußte zum Leuchter dienen! Jetzo saß, Hand in Hand, das Brautpaar zum ersten Mal allein im Finstern neben einander...
Schöne Stunde, worin in jeder Wolke ein lächelnder Engel stand und aus jeder statt der Regentropfen Blumen niederwarf, möge dein Widerschein bis auf mein Papier langen und da noch sichtbar sein! — —
Der Neuvermählte hatte noch nie seine Braut geküßt. Er wußte oder glaubte, sein Gesicht sei mehr geistreich, angespannt, eckig und scharf als glattschön; und da er noch dazu seine Gestalt immer selber lächerlich machte: so meinte er, sie komme auch Andern so vor. Daher bracht er, der sich sonst über die Augen und Zungen einer ganzen Gasse wegsetzte, doch nicht so viel Muth zusammen, um, außer den Zeiten der freundschaftlichen Dithyramben, nur seinen — — Leibgeber zu küssen, geschweige denn seine Lenette. Er drückte ihre Hand jetzo heftiger, und wandte kühn sein Gesicht gegen ihres, zumal da er Nichts sehen konnte; und wünschte, die Treppe habe so viel Staffeln wie der

Münsterthurm, damit Leibgeber später mit dem Lichte erschiene. Auf einmal hüpfte ein gleitender bebender Kuß über seinen Mund und nun schlugen alle Flammen seiner Liebe aus der weggewehten Asche auf. Denn Lenette, so unschuldig wie ein Kind, glaubte, es sei die Pflicht der Braut, diesen Kuß zu geben. Er umfaßte die zagende Geberin mit aufmerksamer, schüchterner Kühnheit und glühte mit allem Feuer, das ihm Liebe, Wein und Freude gaben, auf ihren Lippen mit seinen; aber sie wandte — — so sonderbar ist dieses Geschlecht — — den gefesselten Mund von dem brennenden ab und kehrte den beglückten Lippen wieder die Wangen zu. — — — — Und hier blieb der bescheidene Gatte mit einem langen Kusse ruhen und drückte seine Wonne blos durch unaussprechlich-süße Thränen aus, die wie glimmende Naphtatropfen auf Lenettens Wangen fielen und darauf in ihr zitterndes Herz. Sie lehnte das Angesicht immer weiter zurück: aber im schönen Staunen über seine Liebe, zog sie ihn doch enger an sich. — — — —

Er ließ sie, eh' sein Liebling kam. Der auf den Bräutigam gefallene verrätherische Puderschnee — — dieser Schmetterlingstaub, der vom kleinsten Anfassen dieser weißen Schmetterlinge an den Fingern bleibt, daher Pitt mit Bedacht 1795 eine Taxe auf den Puder legte — — entdeckte ihm wenig; aber Alles erzählten ihm die naßschimmernden Augen seines Freundes und der Braut. Beide Freunde sahen sich lange verlegen-lächelnd an und Lenette blickte nieder. — — Leibgeber sagte zwei Mal hm! hm! und bemerkte endlich, aus Angst: „unser Abend war ganz schön" ... (Ende des 1. Kapitels)

Ein anderer Anlaß für den auktorialen Erzähler, sich in ein verwirrendes Spiel mit Sein und Schein einzulassen, ist seine oft recht ausgeprägte Neigung, den Erzählakt selbst zum Gegenstand seiner Aussprachen mit dem Leser zu machen. Wiederum bieten sich Fielding mit seinen Romanen *Joseph Andrews* und *Tom Jones*, und Jean Paul, besonders mit seinem *Titan*, als Musterbeispiele an. In solchen auktorialen Reflexionen gerät dann, wie es scheint, ganz unversehens der Anspruch des Erzählers, als historientreuer Chronist nur das zu erzählen, was wirklich vorgefallen ist, in Widerspruch mit dem Ergebnis dieser Diskussionen über die Kunst des Erzählens, nämlich dem, daß ein Roman eben ein Roman sei, ein künstlerisches Artefakt also und nicht ein Stück Wirklichkeit. Es ist ein keineswegs nur humoristisches Spiel, das hier der Geist des Erzählens mit sich und seinen Voraussetzungen, seinen Illusionen und mit den die Wirrnis des menschlichen Seins momentan erhellenden Einsichten treibt. R. Musil, dessen *Mann ohne Eigenschaften* zu dem hier besprochenen Typus zu zählen ist, bezeichnet ein solches Verhalten des Erzählers sehr vielsagend als „konstruktive Ironie".

Im Vergleich zu den schon besprochenen besonderen Darstellungsleistungen des auktorialen Romans ist die noch zu erwähnende epistemologische von untergeordneter Bedeutung. Sie besteht in der Hauptsache darin, daß im auktorialen Roman die Anwesenheit eines persönlichen Erzählers dem Leser immer Gewähr dafür zu bieten scheint, daß das Erzählte verbürgt, die Ansichten verläßlich und die Schlußfolgerungen logisch sind. Wo der Erzähler sich als unverläßlicher Gewährsmann verrät, wird gerade mit diesem epistemologischen Aspekt der auktorialen Erzählsituation ein besonders hintergründiges Spiel getrieben[24]. Vorübergehend kann auch ein im übrigen verläßlicher Erzähler, wie etwa jener des *Tom Jones*, sich dem (beabsichtigten) Verdacht aussetzen, eine einzelne Episode, eine Nachricht, ein Urteil über eine Romanfigur gewissermaßen heimlich „frisiert" zu haben. Letzten Endes kommt es ja oft nur darauf an, daß dem Leser das Gefühl gegeben wird, er, nämlich der Leser, besäße die bessere Einsicht in die Zusammenhänge, denn sein unbestechliches und kritisches Urteil sei dem des Erzählers noch überlegen.

DER ICH-ROMAN

It was a commissary sent to me from the postoffice, with a rescript in his hand for the payment of some six livres odd sous.
Upon what account? said I. — 'Tis upon the part of the king, replied the commissary, heaving up both his shoulders —
— My good friend, quoth I — as sure as I am I — and you are you —
— And who are you? said he. —
— Don't puzzle me; said I.

(Sterne, *Tristram Shandy*)

Im Ich-Roman tritt der Erzähler als Figur der dargestellten Welt auf. Er erzählt, was er erlebt oder beobachtet oder von anderen Figuren des Romans in Erfahrung gebracht hat. Auch hier wird also die Mittelbarkeit der epischen Darstellung offenbar und es kann daher auch hier wie im auktorialen Roman der Erzählvorgang selbst zum Gegenstand der Erzählung werden.

Der Ich-Roman ist ein sehr wandlungsfähiger Typus, dessen reiche und differenzierte Darstellungspotenz bis zum heutigen Tag noch nicht voll ausgeschöpft worden ist, obgleich seine Entwicklung etwa von *Lazarillo de Tormes* über Sternes *Tristram*

Shandy bis hin zu Nathalie Sarrautes *Portrait d'un Inconnu* bereits eine große Formenvielfalt zutage gefördert hat. Überblickt man die Fülle der Formen und Werke, die zu diesem Typus zu zählen sind, so drängen sich sogleich Probleme der Definition und der Abgrenzung dieses Typus auf. Einem erzählenden Ich begegnet man, wie gezeigt wird, auch im auktorialen Roman, und es ist nicht immer eindeutig zu klären, ob dieses Ich noch außerhalb der dargestellten Welt steht, bzw. an ihrer Schwelle, wie es der typischen Erzählsituation des auktorialen Romans entspricht, oder ob es schon ein Heimatrecht in der dargestellten Welt hat, d. h. in seiner Existenz Zeit und Raum mit den Figuren der Handlung teilt. In Thackerays *Vanity Fair* tritt dieses erzählende Ich zunächst mit allen Merkmalen des auktorialen Erzählers auf, es steht über den Figuren des Romans, zeigt sich z. T. sogar allwissend, besitzt fast immer eine den Charakteren überlegene Kenntnis der Zusammenhänge der Dinge in der dargestellten Welt und beansprucht daher auch nicht selten jene allgemeine Gültigkeit für seine Kommentare zum Geschehen, die irgendeiner beliebigen Romanfigur nie zugebilligt werden könnte. Später aber erfährt der Leser, daß dieses erzählende Ich mit mehreren Figuren des Romans leibhaftig zusammengetroffen sei, daß es einen wesentlichen Teil der Geschichte von diesen Figuren selbst erfahren habe. Solche Hinweise rücken einen zunächst sich auktorial gebenden Erzähler an die Welt der Romanfiguren so nahe heran, daß die Frage, ob er als auktorialer Erzähler oder als Ich-Erzähler zu gelten habe, mit „sowohl — als auch" beantwortet werden muß. Dabei handelt es sich hier um keinen sehr seltenen oder extremen Sonderfall. Eine größere Zahl auktorialer Erzähler zeigt sich ähnlich geneigt, der Welt ihrer Charaktere einen gelegentlichen Besuch abzustatten. Als Beispiele könnten dafür Cervantes *Don Quijote* und Fieldings *Tom Jones* genannt werden. In Dostojewskijs *Die Brüder Karamasoff* spielt das Geschehen in „unserem" Landkreis, doch beansprucht der Erzähler trotz dieser Rolleneinkleidung als Zeitgenosse und Zeuge der Handlung alle Privilegien eines auktorialen Erzählers. In der Tat sind auch Romane, in welchen die Ich-Erzählsituation eigentlich nur eine auktoriale Erzählsituation tarnt, recht zahlreich. Daneben gibt es eine stattliche Anzahl von Werken, in denen die beiden Erzählsituationen von Anfang an miteinander verquickt werden. Es sind dies Romane, in welchen der Ich-Erzähler mit der Handlung des Romans und ihren Akteuren nichts oder nur sehr wenig zu tun hat, wo er einen Standort weit draußen an der Peripherie der dargestellten Welt bezieht und sich mit der Rolle des Beobachters, des Zeugen oder des distanzierten Berichterstatters begnügt. Auch eine solche Abwandlung der Ich-Erzählsituation eröffnet eigenartige Möglichkeiten der Gestaltung, wie an Emily Brontes *Wuthering Heights*, Samuel Butlers *The Way of All Flesh*, Wilhelm Raabes *Stopfkuchen*, und, mit einer gewissen Ausweitung der Beobachterposition, auch in Thomas Manns *Doktor Faustus* sichtbar wird. Auf die Häufigkeit einer solchen Erzählsituation auch im Detektivroman macht B. Romberg, dem wir die neueste umfassende Abhandlung über den Ich-Roman verdanken *(Studies in the Narrative Technique of the First-Person Novel,* 1962), aufmerksam: Conan Doyle macht nicht seinen Detektiv-Helden Sherlock Holmes, sondern den, Sherlock Holmes mit Bewunderung folgenden Trabanten Dr. Watson zum Ich-Erzähler, was von vornherein die Perspektive des Lesers auf Respekt, Staunen und Bewunderung einstellt, andererseits die Schlüsse, die der Meisterdetektiv aus den aufgefundenen Spuren zieht, nicht vorzeitig bekanntwerden läßt[25].

Da also in einer größeren Zahl von Romanen die Erzählsituation so eingerichtet ist, daß sie typologisch gleichsam zwischen den beiden Typenbereichen anzusiedeln sind, da die Grenze zwischen auktorialem Roman und Ich-Roman also offensteht, ist der Frage nicht auszuweichen, ob die typologische Scheidung des auktorialen Romans vom Ich-Roman überhaupt zu Recht vorgenommen wird. Diese Frage kann um so weniger übergangen werden, als in einigen neueren Untersuchungen zur Romantheorie diese Unterscheidung als belanglos und irrelevant hingestellt wird. Merkwürdigerweise wird in den gleichen Untersuchungen die Bedeutung der Rolle des persönlichen Erzählers, der ja in beiden Romanformen auftritt, in vollem Umfang anerkannt. Zum Teil ist es wohl das Fasziniertsein von der neu entdeckten Bedeutung der Rolle des persönlichen Erzählers überhaupt, ihrer Ähnlichkeit im Ich-Roman und im auktorialen Roman, die den Blick auf die tiefer liegenden, wesentlichen Unterschiede zwischen den beiden Erzählsituationen verdeckt. Auch für Wolfgang Kayser sind die Gemeinsamkeiten, die sich für auktorialen Roman und Ich-Roman aus der Anwesenheit eines persönlichen Erzählers ablesen lassen, wichtiger als die Unterschiede zwischen den beiden Erzählsituationen[26]. In W. C.

Booths *The Rhetoric of Fiction* wird der Nutzen einer Unterscheidung zwischen Ich- und Er-Roman rundweg bestritten[27]. Tatsächlich zeigen sich diejenigen Aspekte des Erzählens, denen Booth den Vorrang vor der, wie er meint, nichtssagenden Unterscheidung zwischen Er- und Ich-Roman zubilligen möchte, sowohl im Er-Roman wie auch im Ich-Roman. Er differenziert zwischen „dramatized and undramatized narrator", „observer and narrator-agent", „fallible narrator and implied author", also Erscheinungsweisen des Erzählers, die beiden Romantypen gemeinsam sind[28]. Mit diesen Begriffen ist aber das Besondere der Ich-Erzählsituation nicht erschöpfend zu charakterisieren, da sie sich auf das dem auktorialen Erzähler und dem Ich-Erzähler Gemeinsame beziehen. Daß andere Gesichtspunkte und andere Kriterien der Romantheorie zu ganz anderen Ergebnissen führen können, beweist Käte Hamburgers *Logik der Dichtung*, in welcher auf Grund von Überlegungen, die sich um die Erkenntnis des dichtungslogischen Ortes der epischen Gattung überhaupt und der Formen des Romans im besonderen bemühen, der Grenzstrich mit Nachdruck zwischen dem Er-Roman und dem Ich-Roman gezogen wird. Diese Grenze trenne nicht nur Er-Roman und Ich-Roman, sondern zugleich die „mimetische" oder „fiktionale" Gattung der Dichtung von der „lyrischen" oder „existentiellen"[29]. Er-Roman und Ich-Roman stehen demnach in ganz verschiedenen ontologischen Bereichen der Dichtung, woraus weitreichende Folgerungen für die jeweils in ihnen möglichen Weisen der Aussagen, der Orientierung des Lesers, der Funktion des epischen Präteritums usw. abgeleitet werden. Käte Hamburgers *Logik der Dichtung* ist von bestechender Intellektualität und von ebenso einnehmender Originalität. Im Hinblick auf die praktische Anwendbarkeit in der Interpretation sind ihre Ergebnisse jedoch in manchen Punkten problematisch, wie an anderer Stelle bereits ausgeführt worden ist[30]. Die in der vorliegenden Typologie verfochtene Scheidung zwischen auktorialem Roman und Ich-Roman, welche die Anwendbarkeit dieser Typenbegriffe besonders in der Interpretation im Auge hat, muß daher auf anderem Weg ihre Rechtfertigung suchen.

Die Romanautoren scheinen an dem Wirkungsunterschied zwischen der erzählerischen Gestaltung eines Stoffes in der Er-Form und in der Ich-Form weniger Zweifel zu hegen als manche Theoretiker des Romans. Wie anders wäre zu erklären, daß Gottfried Keller im Zuge der Umarbeitung seines *Grünen Heinrich* auch die

Erzählsituation änderte und jene Teile, die ursprünglich in der Er-Form erzählt worden waren, auch in die Ich-Form übertrug? Aber auch damit konnte Keller sein Künstlergewissen noch nicht von allen Zweifeln bezüglich der rechten Erzählsituation für seine Geschichte befreien. Nun drängte sich ihm die Frage auf, ob die quasi-autobiographische Ich-Form nicht zu „unpoetisch" für sein Thema wäre[31]. Es lassen sich noch weitere Fälle in der Geschichte des Romans finden, wo Autoren schwankten, ob die Ich-Form die geeignetste für ihre Erzählung wäre, so z. B. Thackeray bei der Überarbeitung seines Romans *Barry Lyndon*[32]. Handelte es sich bei der Entscheidung Ich-Form oder Er-Form nur um eine belanglose Äußerlichkeit der Erzählweise, dann hätten ihr diese Autoren wohl kaum soviel Gedanken und Zeit gewidmet. Nicht weniger aufschlußreich als dieses Schwanken ist auf der anderen Seite die Entschlossenheit, mit welcher sich Autoren angesichts eines zu gestaltenden Themas für die eine oder die andere Form entschieden haben, so etwa Daniel Defoe, der alle seine Romanhelden und -heldinnen der Ich-Form überantwortet, oder Henry James, der nach eingehender Prüfung die Ich-Form für die Enthüllung von Lambert Strethers Gedanken und Gefühlen in *The Ambassadors* wegen der der Ich-Form eigenen „terrible fluidity of self-revelation" verwirft[33]. Eine solche Entschiedenheit bedeutender Autoren in dieser Frage ist an sich bereits Grund genug, um an der Trennung zwischen Ich-Roman und auktorialem Roman festzuhalten. Da es hier aber um die Konstituierung von Romantypen und um die Charakterisierung ihrer besonderen Darstellungsleistung geht, darf ein Versuch, diese Unterscheidung auch typologisch zu begründen, nicht gescheut werden.

In der Frühzeit des Romans wurde die Ich-Erzählung vor allem deshalb sehr häufig verwendet, weil durch die in ihr gesetzte Identität des Erzählers mit einer Romanfigur der Anspruch dieses Romans, eine wahre Geschichte zu sein, bekräftigt schien. Daher werden gerade die unglaubwürdigsten Erzählungen, phantastische Reisebeschreibungen und Utopien, wie z. B. Thomas Mores *Utopia*, Cyrano de Bergeracs *L'autre monde ou les états et empires de la lune* und Swifts *Gulliver's Travels* in die Ich-Form gekleidet. Auch der ältere Schäferroman und der heroisch-galante Roman mit seinen gehäuften Abenteuern und exotischen Schauplätzen drängt, obwohl im äußeren Rahmen oft in der Er-Form gehalten, zur Ich-Form hin, weil in ihm nach Heliodors bewährtem Vorbild die einzelnen Charaktere ihre Erlebnisse, ihre Lebensgeschichte sehr ausführlich selbst berichten[34]. Das Verifikationsschema des Ich-Romans hat sich bis herauf in die Gegenwart als wahrhaft unverwüstlich erwiesen. Es gehört zum festen Konventionenvorrat der weniger anspruchsvollen Unterhaltungsromane, ist aber selbst in avantgardistischen Werken noch zu finden, dort allerdings nicht selten in ironisierter Form oder in einer äußerst subtilen Verwandlung. So hat z. B. Nathalie Sarraute für ihre beiden Romane *Portrait d'un Inconnu* und *Martereau* die Ich-Erzählsituation gewählt. Das geschieht hier allerdings nicht einfach, um dem erzählten Geschehen den Anschein der Historizität zu verleihen, sondern um die dargestellte Wirklichkeit als Bewußtseinsinhalt, als Gedanke, Projektion oder Vermutung des Ich-Erzählers hinzustellen. Die Ich-Erzählsituation verifiziert hier also nicht die Objekt-Existenz der Welt, von welcher der Ich-Erzähler berichtet, sondern ihre Subjektivität, ihre Realität als Bewußtseinsinhalt der Ich-Gestalt, oder vielmehr als eine letztlich unauflösliche Vermengung von objektiver, dinglicher Außen- und subjektiver, ideeller Innenwelt.

Verglichen mit der auktorialen Erzählsituation ist die Ich-Erzählsituation die umständlichere, da sie den Autor auf den Standpunkt und die Erlebnisperspektive der Ich-Gestalt festlegt. Was manchen Autoren des 18. und 19. Jahrhunderts als unnötige Beschränkung ihrer Freizügigkeit im Hervorbringen von fiktiver Welt erschien, erweist sich dem modernen Autor, der die persönlich-intime Weltschau dem panoramatischen Ausblick auf die Fülle der Erscheinungen vorzieht, als unschätzbarer Vorteil. Ein weiterer Vorzug liegt darin, daß die Ich-Erzählsituation die Mittelbarkeit des Erzählens im Roman zu einem Teil des erzählten Geschehens macht. Die Persönlichkeit des Erzählers, sein Standpunkt in der dargestellten Welt, seine Haltung zu den erzählten Begebenheiten werden damit Gegenstand der Erzählung. Der gehobene Illusionsanspruch des Lesers auf Medialität der Geschichte (nicht das Ereignis selbst, sondern wie es auf jemanden gewirkt hat, interessiert), wird also hier ausgiebiger befriedigt als in einer auktorialen Erzählsituation. Die dargestellte Welt des auktorialen Romans ist aus der Distanz kontemplierte Welt, die des Ich-Romans in der Erinnerung wiedererlebte Welt. Und wo die Ich-Figur nicht im Mittelpunkt des Geschehens, sondern an dessen Rand steht, ist es die scharfe Perspektivierung des Erzählten, welche durch die Ich-Erzählsituation gefördert wird. Die genauere raum-zeitliche Fixierung des Erzählers in der dargestellten Wirklichkeit läßt die Konturen des Erzählten schärfer werden. Hinzu kommt, daß die Individualität oder Typik der Persönlichkeit des Erzählers ein eigentümliches Licht auf die betrachtete Szene wirft. In Butlers *The Way of All Flesh* ist der Ich-Erzähler, von dem wir die Lebensgeschichte des jüngsten Sprosses der Pontifexfamilie erfahren, eine durch und durch individualisierte Gestalt. Hier stellen sich der Interpretation viel schwierigere Fragen hinsichtlich der Gültigkeit des gezeichneten Lebensbildes als etwa in Conrad Ferdinand Meyers *Die Hochzeit des Mönchs*, wo Dante als Erzähler auftritt, eine Erzählfigur, die, wie Conrad Ferdinand Meyer selbst erklärt hat, hier als typischer Repräsentant der Epoche, in welcher die Erzählung spielt, aufzufassen ist: „Mein Dante am Herde ... ist eine typische Figur und bedeutet einfach Mittelalter."[35]

Perspektivierung und Medialisierung sind die besonderen Darstellungsmerkmale der Ich-Erzählsituation jener Romane, in welchen der Ich-Erzähler eine zum Geschehen periphere Stellung einnimmt. In quasi-autobiographischen Ich-Romanen, in welchen der Ich-Erzähler den Mittelpunkt der Geschichte bildet, ist es die Spannung zwischen dem erlebenden Ich und dem erzählenden Ich, die das Sinngefüge des Romans bestimmt. Für diese Art des Romans sind Inhalt und Form der Autobiographie Vorbild gewesen. Im älteren Roman wird auf diese Weise vor allem die Lebensgeschichte von Menschen, die im Konflikt mit der sittlichen Gesellschaft oder staatlichen Ordnung geraten waren, dargestellt. Das Entscheidende dabei ist, daß die Ich-Figur ihr Leben erzählt, nachdem sie eine Wandlung durch Reue, Bekehrung oder Einsicht durchgemacht hat. Die *Confessiones* des Augustinus, deren zweites Buch mit dem programmatischen Einsatz anhebt: „In die Erinnerung will ich mir rufen mein wüstes Leben in Sünde, die Schuld meiner Seele aus dem Frevel des Fleisches ..."[36] haben das hier vorliegende Schema vorgebildet. Im älteren Roman ist dieses Modell allgemein verbreitet. Die Geschichte des früheren ausschweifenden und gesetzlosen Lebens wird vom Sünder selbst unter dem Aspekt seiner späteren Läuterung erzählt. In der Art und Weise, wie die psychologische Verknüpfung des früheren sündigen Lebens mit der späteren Einkehr erzählt und gestaltet wird, liegt eine einzigartige Gestaltungsmöglichkeit des Ich-Romans, eine Möglichkeit, die allerdings von den älteren Autoren nur zaghaft und mit unterschiedlichem Erfolg genützt worden ist. Die ersten auch literarisch bemerkenswerten Romane, in denen das Motiv der Umkehr auf dem Lebensweg und der inneren Einkehr zusammen mit der Ich-Erzählsituation strukturbestimmend wird, sind Grimmelshausens *Simplizissimus* und Defoes *Moll Flanders*. In diesen und ähnlichen Werken wird die Gestaltungsleistung der Ich-Erzählsituation und die sinnfügende Wirkung, worin sie sich am stärksten von der auktorialen Erzählsituation unterscheidet, nachweisbar. Sie liegen in dem ganz eigentümlichen Verhältnis begründet, in welches sich das erzählende Ich, der reuige Sünder oder der zu sozialer Verantwortlichkeit gereifte *picaro* oder der beschauliche Hermit mit abenteuerlicher Vergangenheit, im Laufe der erinnernden Erzählung zu seinem früheren Ich, zum erlebenden Ich, setzt. Die Konfrontation von zwei ganz verschieden orientierten Entwicklungsphasen im Leben der Ich-Figur, die fortgesetzte Dialektik des erzählenden Ich mit dem Ziel, die Spannung zwischen diesen beiden Phasen entweder zu steigern oder zu entladen, prägt das innere Gefüge des Ich-Romans dieser Art. Diese Spannung war auch zwischen dem auktorialen Erzähler und der von ihm dargestellten Welt festzustellen, zwischen seinem wertgeordneten Kosmos und dem Tumult des Lebens der Charaktere der dargestellten Welt. Im Ich-Roman erscheint sie jedoch in einer Art existentieller Zuspitzung. Die beiden Pole verteilen sich nicht mehr wie im auktorialen Roman auf zwei getrennte Weltbezirke (des Erzählers und der Charaktere), sondern liegen nun in einem Ich, im Bewußtsein und in der Erinnerung des Ich-Erzählers, unmittelbar einander gegenüber. Die Zeit, die sich zwischen Erlebnisgegenwart und Erzählakt breitet, zwischen dem Erlebnis des Ich und seinem erzählenden Rückgriff darauf, motiviert die Spannung zwischen erlebendem und erzählendem Ich und verheißt zugleich Aussicht auf einen schließlichen Ausgleich. Das erzählende Ich ist seit seinen Erlebnissen, die den Inhalt der Geschichte bilden, innerlich gewachsen, reifer, einsichtiger geworden und vermag nun sein früheres Verhalten von einem höheren moralischen, religiösen, sozialen oder humanitären Standpunkt zu begreifen und zu beurteilen. Auch dort, wo keine drastische Lebenswandlung vollzogen wird, bleibt das Verhältnis zwischen erzählendem und erlebendem Ich ein entscheidendes Element des Sinngefüges des Ich-Romans, wenn auch in einer mehr komplementären Weise, etwa indem ein nunmehr (im Schillerschen Sinne) sentimentalisch gestimmtes Bewußtsein seine frühere naive Lebensphase erinnernd wiederzufinden und an sich zu ziehen sucht[37].

Im neueren Roman hat das Verhältnis zwischen erzählendem Ich und erlebendem Ich zahllose Abwandlungen erfahren, was als Beweis für seine wesentliche Bedeutung angesehen werden darf. Entscheidendes hat allerdings Sternes *Tristram Shandy* bereits vorweggenommen, so die Dramatisierung des Ich im Erzählakt, d. h. die ausführliche Charakterisierung des erzählenden Ich und die verwirrende, zugleich jedoch auch enthüllende Komplizierung der Abhängigkeit des erzählenden Ich vom erlebenden Ich und, paradoxerweise auch umgekehrt, des erlebenden Ich vom posterior erzählenden Ich. Prousts *A la recherche du temps perdu* weitet dieses Experiment mit dem Erzähl-Erlebnis-Schema des Ich-Romans. Im „Doppelspiel von erinnerndem und erinnertem Ich" sieht H. R. Jauss das verborgene Kompositionsprinzip des ganzen Proustschen Romanzyklus. Vorher hat schon Leo Spitzer in seinen Arbeiten über Proust die Zweipoligkeit, welche die Ich-Figur kennzeichnet, terminologisch aufgefaßt als das „geheimnisvolle Doppelspiel der beiden Ich, des überlegen erzählenden und des benommen, dumpf erlebenden"[38]. Damit ist aber zugleich das Baugesetz der inneren Struktur der wahrscheinlich wichtigsten Variante des Ich-Romans erfaßt. Unabhängig von der Proust-Forschung ist der Verfasser der vorliegenden Abhandlung, ausgehend von einer Analyse der Erzählsituation in Melvilles *Moby-Dick*, auf die Bedeutung des Verhältnisses zwischen erlebendem Ich und erzählendem Ich für das typische Sinngefüge des Ich-Romans gestoßen. Durch den Nachweis des Ich-Ich-Schemas an Melvilles zwar außerordentlichem, aber nicht experimentierendem Roman zeigte sich, wie verfehlt es wäre, die Gültigkeit dieses Gestaltzuges im Ich-Roman auf Werke zu beschränken, die in der extrem-experimentellen Linie von *Tristram Shandy* bis hin zu *Recherche* liegen. Im Gegenteil, überall im quasi-autobiographischen Ich-Roman, wo das erzählende Ich sich soweit kundgibt, daß der Leser seine geistige Physiognomie auszumachen vermag, wird dieses dialektische Verhältnis zwischen erzählendem Ich und erlebendem Ich wirksam. Es ist ein echtes typenbildendes Merkmal des Ich-Romans.

Gegen die Konstituierung des Ich-Ich-Schemas als charakteristisches Element der Ich-Erzählsituation ist eingewendet worden, sie bemühe eine für den Ich-Roman nicht zutreffende Analogie, nämlich die des Großvaters, der seinem Enkel Geschichten aus seiner Jugend erzählt. Wolfgang Kayser meint, der Erzähler im Roman sei nicht unseresgleichen, eher sei die Analogie zum allwissenden und allgegenwärtigen Gott zutreffend, der Erzähler sei nur zu begreifen als der „allwissende, überall gegenwärtig sein könnende und schaffende Geist der Erzählung"[39]. W. Kayser bedient sich hier nicht nur des Th. Mannschen Begriffes „Geist der Erzählung", er übernimmt auch die Betrachtungsweise Manns, der sein Werk gleichsam noch als Stück aus der Werkstatt des Romanciers sieht. Da zeigt sich nämlich, daß z. B. der junge Felix Krull nur durch einige Andeutungen seiner späteren Entwicklung mit dem älteren Felix Krull, dem Ich-Erzähler des Romans, verbunden ist. Darf daraus aber der Schluß gezogen werden, „Der Ich-Erzähler eines Romans ist nicht die geradlinige Fortsetzung der erzählten Figur"?[40] Der Interpret eines Ich-Romans kann sich nicht über die in der Ich-Erzählsituation implizierte Intention des Autors, die im übrigen auch im Text meist mehr oder weniger ausdrücklich bekräftigt wird, hinwegsetzen, daß der Erzähler *in persona* identisch ist mit dem Ich, dessen Erlebnisse hier erzählt werden. Die Müdigkeit des älteren Felix Krull, während er zur Feder greift, ist eine thematische Klammer, die das erzählende Ich sogar physiologisch an das erlebnishungrige frühere Ich bindet. So wird in Thomas Manns *Felix Krull* der Leser gleich zu Beginn mit Nachdruck darauf aufmerksam gemacht, daß der Erzähler die nun folgende Geschichte wirklich als seine eigene Geschichte aufgefaßt haben möchte:

Indem ich die Feder ergreife, um in völliger Muße und Zurückgezogenheit — — gesund übrigens, wenn auch müde, sehr müde (so daß ich wohl nur in kleinen Etappen und unter häufigem Ausruhen werde vorwärtsschreiten können), indem ich mich also anschicke, meine Geständnisse in der sauberen und gefälligen Handschrift, die mir eigen ist, dem geduldigen Papier anzuvertrauen, beschleicht mich das flüchtige Bedenken, ob ich diesem geistigen Unternehmen nach Vorbildung und Schule denn auch gewachsen bin. Allein, da alles, was ich mitzuteilen habe, sich aus meinen eigensten und unmittelbarsten Erfahrungen, Irrtümern und Leidenschaften zusammensetzt und ich also meinen Stoff vollkommen beherrsche, so könnte jener Zweifel höchstens den mir zu Gebote stehenden Takt und Anstand des Ausdrucks betreffen, und in diesen Dingen geben regelmäßige und wohlbeendete Studien nach meiner Meinung weit weniger den Ausschlag, als natürliche Begabung und eine gute Kinderstube.

Die motivischen Möglichkeiten, die dem Autor eines Ich-Romans zur Verfügung stehen, um seinen Leser immer wieder an die *in-persona-Identität* von erzählendem Ich und erlebendem Ich zu erinnern, sind unerschöpflich. Folgende Stelle aus Somerset Maughams *Cakes and Ale* — Sinngemäßes läßt sich in fast jedem Ich-Roman finden, in welchem das Ich-Ich-Schema den Aufbau trägt — wäre ohne diese Identität gar nicht verständlich:

Mir wäre lieber ... ich hätte dieses Buch nicht in der ersten Person zu schreiben begonnen ... es ist nicht sehr angenehm, wenn man selbst enthüllen muß, was für ein Narr man war ... [41]

Wenn in den meisten Ich-Romanen die Zeit zwischen den Erlebnissen des Ich und der Gegenwart des Ich im Erzählvorgang nur recht spärlich und nur andeutungsweise konkretisiert wird, so besagt das nichts, denn ähnlich wird in jedem Roman, der die ganze Lebensgeschichte eines Menschen bringt, mit langen Strecken dieses Lebens verfahren. Auch ein in der Erzählung übersprungener Zeitraum kann in der Vorstellung des Lesers als mit Handlung oder Erlebnis erfüllte Zeit gelten, wenn sich aus dem in der Erzählung Vorangehenden oder Nachfolgenden folgern läßt, daß in dieser Zeit, die in der Erzählung übersprungen wurde, etwas geschehen, etwas geworden ist, oder daß sich in ihr eine Wandlung des Helden vollzogen haben muß. Zwar bestehen zwischen einzelnen Ich-Romanen erhebliche Unterschiede in der Genauigkeit und Konkretheit, mit welchen sich die übersprungene Zeitspanne im Leben des Ich-Erzählers in der Vorstellung des Lesers auffüllen läßt, ganz leer bleibt sie jedoch immer nur durch ein Versagen der Aufmerksamkeit oder der Vorstellungskraft des Lesers.

Schließlich ist für den Nachweis der Relevanz des Ich-Ich-Schemas auch daraus etwas zu gewinnen, daß es Ich-Romane gibt, in denen die Identität von erzählendem Ich und erlebendem Ich entweder als problematisch begriffen wird oder aber ironisch unterhöhlt wird. Beide Haltungen unterstreichen, daß hier eine wichtige Konvention des Ich-Romans vorliegt. Wenn Max Frisch seinen Ich-Roman *Stiller* mit der zunächst frappierenden Feststellung „Ich bin nicht Stiller! —" eröffnet, um dann die Lebensgeschichte eben dieses Stiller zu erzählen, dann ist anscheinend das Identifizierungsmotiv des Ich-Romans in seiner üblichen Form zunächst ausgeschlagen, es wird damit aber dem Autor möglich, das Interesse für die Identitätsfrage fast während des ganzen Romans wachzuhalten. Auch in dem deutlich implizierten, jedoch unausgesprochenen „aber" des ersten Satzes von Günter Graß' *Die Blechtrommel* kündigt sich bereits die Problematik jeder vorschnellen und endgültigen Ich-Definition, wie sie durch die Gleichsetzung von erzählendem Ich mit dem erlebenden Ich eingeleitet wird, an:

Zugegeben: ich bin Insasse einer Heil- und Pflegeanstalt...

Eine solche ironisierende Behandlung der Ich-Erzählsituation findet sich gelegentlich auch schon bei älteren Autoren. Sie kündigt sich z. B. bereits in der lakonischen Selbstvorstellung des Ich-Erzählers in Melvilles *Moby-Dick*, „Call me Ishmael", an, die den Leser geradezu mißtrauisch, aber auch an der Identität dieses Ich-Erzählers interessiert macht. Und wie so oft bei der Behandlung einer Frage der Poetik des Romans findet sich einer der frühesten und zugleich trefflichsten Belege dafür in Sternes *Tristram Shandy*. Die Stelle ist als Motto diesem Kapitel vorangestellt. Tristram Shandy, der bei dem Versuch, seine eigene Lebensgeschichte zu erzählen, die Konvention der Selbstidentifizierung des Ich-Erzählers zu Beginn des Romans mit ebenso biedermännischer wie ironischer Pedanterie übertreibt, indem er sich nicht damit begnügt, wie üblich seine elterliche Abstammung anzugeben, sondern den Akt seiner Zeugung schildert, deckt mit der in allem implizierten Frage, „wer bin ich", die philosophische Abgründigkeit auf, die in der Ich-Erzählsituation verborgen ist. Nicht alle Ich-Romane öffnen sich darauf hin, aber fast alle führen wissend oder unwissend daran heran. Im Ich-Roman versucht sich ein Mensch selbst zu begreifen, sich zu definieren, von seiner Umwelt abzugrenzen. Dies bringt etwas Erregendes mit sich, das dem auktorialen Roman, in welchem die Charaktere immer nur Objekt für einen anderen Betrachter sind, abgeht. Zugleich teilt sich damit der Situation des Ich im Roman ein menschliches Pathos mit, das erzählend ganz auszuschöpfen der neuere Roman sich erst anschickt. J. D. Salingers *The Catcher in the Rye*, Camus' *L'Etranger* und Nathalie Sarrautes *Portrait d'un Inconnu* scheinen nicht unbedeutende Marksteine dieser Entwicklung im neuesten Roman zu sein.

Auch der Typus Ich-Roman zeigt Neigung und Fähigkeit zur Abwandlung des Typus in verschiedenen Varianten. Fast alle diese Nebenformen des Grundtypus lassen sich in eine von zwei Variationsrichtungen einordnen, von denen die eine zum Typus des auktorialen Romans, die andere zum Typus des personalen Romans hinweist. Von den Schwierigkeiten der Abgrenzung des Ich-Romans vom auktorialen Roman war schon die Rede. Sie ergeben sich letzten Endes aus dem Umstand, daß spezifische Gestaltungstendenzen des auktorialen Romans in den Ich-Roman hineingetragen werden und umgekehrt. So übernimmt der Ich-Erzähler vom auktorialen Erzähler ein Ordnung und Wert stiftendes Vermögen, das häufig über die zu erwartenden Fähigkeiten und Anlagen der Ich-Figur hinausgeht, besonders auffällig dort, wo im erlebenden Ich nicht einmal Keime oder Ansätze dafür zu entdecken sind. Solche Ich-Erzähler zehren von einer ihnen fremden Geistigkeit, hinter welcher meist ganz unverkennbar der Autor selbst steht. Dem Autor bleibt für diesen Fall die Möglichkeit erhalten, das Augenmerk stärker auf das erzählende Ich, den Erzählakt, auf die Probleme der Darstellung, die sich dabei ergeben, zu lenken und damit die mit dem Autor gemeinsamen Interessen des Ich-Erzählers wenigstens z. T. zu motivieren. Tristram Shandy gehört zu dieser Gattung der Ich-Erzähler. Immer wieder zeigt er sich seinem Leser am Schreibtisch, als Verfasser seiner Lebensgeschichte, von vielen Einfällen und ebenso vielen Sorgen, die rechte Erzählweise der Geschichte betreffend, geplagt. Ebenso ist Ishmael im *Moby-Dick* mit seinen Studien über den Wal ein Ich-Erzähler vom geistigen Format eines auktorialen Erzählers.

Wandert der Lichtkegel der Darstellung dagegen vom erzählenden Ich weg, so daß das erlebende Ich ganz in seine Mitte rückt, so ergibt sich eine völlig andere Wirkung. Hier tritt an die Stelle des Hervorkehrens des Problems der geistigen Bewältigung der Geschichte, der Reflexion, der essayistischen Abhandlung darüber, das Interesse am Geschehen selbst, am spannenden Ablauf der Handlung und an der Fülle und Echtheit der Charakterportraits. Es ist die Erzählsituation des Abenteuerromans, von dem etwa Smolletts *Roderick Random* ein literarisch gehobenes Beispiel darstellt. Mit dieser Einstellung, fixiert auf das erlebende Ich, kann aber der Scheinwerferkegel der Darstellung im Ich-Roman noch etwas ganz anderes enthüllen, nämlich Innenwelt,

Bewußtseinsabläufe, Gedanken, Stimmungen der Ich-Figur im Augenblick seines Erlebnisses. Damit vollzieht der Ich-Roman die Wendung hin zum personalen Roman. Meist findet man die konsequente Durchführung dieser Variante der Ich-Erzählsituation nur in kürzeren Stücken, in Schnitzlers Bewußtseinsmonologen, *Leutnant Gustl* und *Fräulein Else* oder in Molly Blooms Schlußmonolog zu James Joyces *Ulysses*. Versuche, einen ganzen Roman aus einem solchen inneren Monolog zu gestalten, haben über ein gewisses Interesse an dem Experiment hinaus nicht Anklang gefunden, wie an Samuel Becketts *Molloy* und ähnlichen monotonen Versuchen deutlich geworden ist. Dagegen hat sich diese Form des inneren Monologs als außerordentlich gestaltungsfähig in Romanen erwiesen wie Gerd Gaisers *Schlußball*, wo sich die dargestellte Wirklichkeit aus mehreren solchen inneren Monologen sehr plastisch vor den Augen des Lesers allmählich abzuheben beginnt. Der Wechsel der Perspektive, der sich hier mit dem Wechsel der Ich-Figur von Monolog zu Monolog ergibt, verleiht dem Bild der dargestellten Welt Tiefe und Raumwirkung und läßt gleichzeitig auch keine Monotonie aufkommen.

Multiperspektivische Betrachtung eines Ereignisses ist auch das Charakteristikum des Briefromans, insofern zu ihm mehrere Korrespondenten beitragen. Die Erzählsituation im Briefroman unterscheidet sich von jener des eigentlichen Ich-Romans durch die Verkürzung oder Aufhebung der Erzähldistanz. Dadurch werden Erlebnis, Gefühle und Gedanken der Ich-Figuren, der Korrespondenten, ganz nahe an den Leser herangebracht. Der Eindruck der Unmittelbarkeit, der sich daraus ergibt, vermag z. T. wenigstens zu erklären, wieso die Gefühlsschilderung und die minutiöse Analyse von Seelenregungen zur eigentlichen Domäne dieser Romanform werden konnte. Schon Richardson, der mit seiner *Clarissa Harlowe* das klassische Modell des Briefromans schuf, hat die besonderen Gestaltungspotenzen voll ausgenützt [42]. Die umständliche Breite der Darstellung aller Gedanken, Ängste, Hoffnungen, Gewissensregungen einer Seele wird erst durch das auffällige *largo* des Erzähltempos (knapp ein Jahr Handlungszeit breitet sich in der Darstellung auf dem Raum von ursprünglich sieben Bänden) möglich. Die fast vollständige Aufhebung der Erzähldistanz, „instantaneous description" [43] — der Korrespondent schreibt über seine Erlebnisse, während er noch ganz unter ihrem Eindruck steht, oder sogar im Augenblick des Erlebens —,

Illusion der direkten Spiegelung des Geschehens, Mehrfachperspektive, durch welche eine Objektivität der Darstellung erzielt werden kann, die dem eigentlichen Ich-Roman ganz fremd ist, sind die besonderen Merkmale des Briefromans. Allerdings unterscheiden sich die einzelnen Briefromane sehr erheblich in manchen dieser Punkte voneinander, z. B. Rousseaus *La Nouvelle Heloise* und Goethes *Werther* von Richardsons *Clarissa Harlowe*, da in den erstgenannten Romanen die subjektive Perspektive der Hauptfiguren nicht in gleichem Maße wie in *Clarissa Harlowe* durch die Perspektive anderer Korrespondenten ergänzt und korrigiert wird. *La Nouvelle Heloise* und *Werther* sind zu Manifesten einer neuen, uneingeschränkten, subjektiven Selbstkundgabe geworden, die in der quasi-autobiographischen Form des Ich-Romans nie jene Spontaneität erlangt hätte, die für sie charakteristisch ist.

DER PERSONALE ROMAN

«Un roman est un miroir qui se promène sur une grande route.»

(Stendhal, *Le Rouge et le Noir*)

Im Vergleich zu den anderen beiden Typen, dem auktorialen Roman und dem Ich-Roman, ist der Typus des personalen Romans erst spät in der Geschichte des Romans hervorgetreten, nämlich seit der zweiten Hälfte des 19. Jahrhunderts. Er ist aber dann in sehr kurzer Zeit zu großer Bedeutung aufgestiegen. Drei Dinge haben seinen Aufstieg gefördert: ein philosophisches Prinzip (die Forderung nach Objektivität); eine erzähltechnische Neuerung (die strenge und konsequente Einhaltung einer bestimmten Perspektive); und ein neues Thema (das Bewußtsein und das Unterbewußtsein des Menschen).

Objektivierung bedeutet im Roman immer Dramatisierung. Zwar läßt der Roman von Anfang an die Neigung erkennen, es in manchen Dingen, so z. B. im Aufbau und in der Charakterisierung, dem Drama, der älteren, respektierteren Gattung, gleichzutun, doch erst im Laufe des 19. Jahrhunderts mehren sich dann die kritischen Stimmen, die nun auch den Anschein der Objektivität, der Unpersönlichkeit, den der dramatische Vorgang erweck, für den Roman als erstrebenswert bezeichnen. Um dieser Forderung im Roman entsprechen zu können, mußte die Gestalt des auktorialen Erzählers, der von einem überlegenen oder gar allwissenden Standpunkt aus das Geschehen auf höchst persönliche, d. h. subjektive Weise leitet und kommentiert, verschwinden. Der personale Roman ist daher ein erzählerloser Roman in dem Sinn, daß der Leser hier nirgends persönliche Züge eines Erzählers ausmachen kann und daher auch gar nicht den Eindruck bekommt, als werde erzählt. Im personalen Roman wird gezeigt, vorgeführt, dargestellt. Mit diesem Typus besinnt sich der Roman wieder auf die alte Forderung der Poetik, daß Dichtung ihre didaktische Aufgabe nicht in moralisierenden Kommentaren zum Verhalten eines Charakters, sondern in der Illustration des Sittlichen, durch Darstellung des Guten und des Bösen am besten erfülle. Damit verbanden sich jene naturalistischen und realistischen Programme, die größtmögliche Authentizität der dargestellten Welt forderten. So wurde schließlich die persönliche Perspektive, aus der der auktoriale Erzähler die dargestellte Wirklichkeit betrachtet, suspekt, denn sie schien eine subjektive und willkürliche Verzerrung der Wirklichkeit zu bieten. In den literarischen Zeitschriften des 19. Jahrhunderts reißt die Diskussion darüber, was im Roman objektiv und was subjektiv sei, nicht mehr ab. Einer der ersten Sammelpunkte all dieser Tendenzen unter den bedeutenden Romanautoren des 19. Jaherhunderts war Flaubert. „Bei Flaubert wird", wie Erich Auerbach sagt, „der Realismus unparteiisch, unpersönlich und sachlich" [44]. In der Tat findet sich schon bei Flaubert die besondere Gestaltungsabsicht des personalen Romans zusammen mit einem dieser Absicht kongenialen Ausdrucksmedium. Flaubert schreibt Romane, in welchen der Wortführer des Autors, der persönliche Erzähler die Bühne verlassen hat, um sie seinen Gestalten und den Dingen ihrer Welt zu überlassen. Das bedeutet, daß die Charaktere nun den Eindruck erwecken, als seien sie mündig, unabhängig von ihrem Erzeuger, geworden. Sie können nun für sich selbst handeln und denken, sich selbst durch ihr Verhalten und ihre Gedanken kommentieren. Der äußerliche Rückzug des Autors, d. h. der Gestalt des auktorialen Erzählers — als Schöpfer der Charaktere, als Wortgeber bleibt der Autor natürlich immer anwesend im Roman —, ergibt sich in Flauberts Romanen unmittelbar aus dessen Forderung, daß *impassibilité* und *impartialité* gegenüber seinen Charakteren die Haupttugenden des Autors sein müßten. Man lese die folgende Darstellung eines „kleinen Familienfestes" aus Flauberts *L'Education sentimentale* und überlege dabei, an wieviel Stellen dieser Szene ein Thackeray oder Wilhelm Raabe sich zu einer Stellungnahme oder einem kritischen Kommentar oder einer Erklärung veranlaßt gesehen hätte. Flaubert scheint zu schweigen, es dem Leser zu überlassen, über das Dargestellte zu diskutieren und zu urteilen:

Ein Messinglüster mit vierzig Kerzen beleuchtete den Saal, dessen Wände über und über voll alter Fayencen hingen; und dieses starke, grell herabfallende Licht hob noch die Weiße eines riesigen Steinbutts, der zwischen Vorspeisen und Obst mitten auf dem Tischtuch stand, umrahmt von Tellern mit Suppe von Krebs und Geflügel. Unter dem Rauschen der Stoffe ließen die Damen, ihre Röcke, Ärmel und Schals zusammenziehend, sich nebeneinander nieder, die Männer stellten sich in den Ecken auf. Pellerin und Herr Oudry durften bei Rosanette sitzen; Arnoux hatte gegenüber seinen Platz. Der Graf Palazot und seine Freundin waren fortgegangen.

„Gute Reise", sagte sie. „An die Gewehre!"

Und der Chorknabe, ein Mann der Zoten und Lästerungen, schlug das Zeichen des Kreuzes und brabbelte das *Benedicite*. Die Damen waren empört, am heftigsten das Fischweib, die Mutter einer Tochter, die sie zur Ehrbarkeit erziehen wollte. Doch auch Arnoux „liebte so etwas nicht"; denn er wünschte Achtung vor der Religion.

Eine Schwarzwälderuhr mit einem Hahn verkündete, daß es zwei war. Dies rief manchen Scherz über den Kuckuck hervor. Allerlei wurde geredet, Wortwitze, Anekdoten, Flunkereien, Wetten, Lügen, die für Wahrheit galten, unglaubhafte Versicherungen; es war ein Chaos, das sich bald in eine Vielzahl von Unterhaltungen zerteilte. Die Weinflaschen umwanderten den Tisch, Schüssel folgte auf Schüssel, der Doktor schnitt vor. Man warf sich eine Orange zu, einen Pfropfen; man lief weg, um mit jemandem zu plaudern. Oft sprach Rosanette auf Delmar ein, der unbeweglich hinter ihr stand; Pellerin schwatzte, Herr Oudry lächelte. Fräulein Vatnaz aß fast das ganze Krebsgericht, unter ihren langen Zähnen krachten die Panzer. Der Engel hockte auf dem Taburett des Pianos, dem einzigen Sitz, den seine Flügel ihm erlaubten, und kaute stillvergnügt, unablässig. „Die stopft aber", sagte der Chorknabe verdutzt immer wieder, „Donnerwetter, die stopft!"

Die Sphinx trank Schnaps, brüllte wie besessen, tobte wie ein Dämon. Plötzlich blies sie die Backen auf, sie konnte den Blutstrom, der sie erstickte, nicht zurückhalten, preßte ihre Serviette an die Lippen und warf sie unter den Tisch.

Frédéric hatte es gesehen. „Ach! wozu? Es ist eins wie's andere! Das Leben ist kein Spaß!" Ihn schauderte, es fror ihn, als habe er Welten von Not und Verzweiflung erblickt, ein Becken mit glühenden Kohlen neben einem Gurtbett und die Kadaver der Morgue in ihren Leder-

schürzen mit dem kalten Wasser, das aus der Leitung über ihr Haar trieft.
Indessen schrie Hussonnet zu den Füßen des wilden Weibes, mit rostiger Stimme, die den Schauspieler Grassot nachahmte: „Sei nicht grausam, o Celuta! Dieses kleine Familienfest ist entzückend! Berauscht euch mit Wollust, ihr meine Geliebten! Eine Hetz! Eine Hetz!" Und er küßte die Frauen auf die Schulter. Sie zitterten, von seinem Schnurrbart gestochen [45].

Es wird keinem aufmerksamen Leser entgehen, daß auch eine solche Darstellung, in welcher der Erzähler sich ganz unparteiisch und objektiv zur dargestellten Szene zu verhalten scheint, zahlreiche Signale enthält, die das Interesse, die Haltung und das Urteilsvermögen des Lesers beeinflussen und steuern. Aber das geschieht auf eine beinahe unterschwellige Weise. Konkret greifbar wird dies erst, sobald gegen Ende der Szene der Autor eine Gestalt vorschiebt, und den Leser einen Blick in das Bewußtsein dieser Gestalt tun läßt, wodurch der Leser erfährt, was diese Gestalt im Augenblick und angesichts des „kleinen Familienfestes" denkt. Das Bild des Leichenhauses, das sich hier in Frédérics Bewußtsein drängt, vermittelt tiefere und nachhaltigere Besinnung, als der ausführlichste, moralische Kommentar eines Erzählers hätte bewirken können. Für einen Augenblick lang schaut also der Leser mit den Augen Frédérics auf die Szene, erlebt sie zusammen mit Frédérics Gefühlen und Assoziationen. Es ist ein Ansatz zu einer personalen Erzählsituation.
In England hat Jane Austen mit ihren um die Wende zum 19. Jahrhundert entstandenen Romanen ein gut Teil dieses Verfahrens, allerdings ohne die bewußte methodologische Reflexion Flauberts, vorweggenommen. Es blieb jedoch Henry James vorbehalten, um die Wende zum 20. Jahrhundert mit seinen späten Romanen *The Awkward Age, The Ambassadors, The Wings of the Dove* und *The Golden Bowl* den Typus des personalen Romans mit äußerster Konsequenz auszuformen. In Deutschland forderte ungefähr zur selben Zeit Spielhagen die Objektivität des Romanautors, doch ging es ihm mehr um eine Art „dramatische Illusion", die er durch Ausklammerung auktorialer Einmengungen erzielen wollte, als um die innere Unparteilichkeit des Autors gegenüber der dargestellten Welt [46].
Das Zurücktreten des Erzählers im personalen Roman, die Neutralisierung oder Ausschaltung aller Erzählelemente, aus denen im auktorialen Roman auf die Person des Erzählers geschlossen

werden kann, das Vorherrschen szenischer Gestaltung, des Dialogs, der erlebten Rede und der Bewußtseinsspiegelung, und nicht zuletzt die Fixierung des *point of view* der Darstellung im Bewußtsein einer Romangestalt, verändern grundlegend die Orientierungslage des Lesers in einem personalen Roman im Vergleich zu jener im auktorialen Roman. Der Leser sieht sich, wie an dem Zitat gezeigt wurde, der dargestellten Welt scheinbar direkt gegenüber, ohne die lenkende und kommentierende Hilfe eines Erzählers. Oder der Leser glaubt sich in eine Romangestalt versetzt, glaubt mit den Augen dieser Gestalt auf die dargestellte Welt zu blicken, an ihren Gefühlen und Gedanken über diese Welt teilzunehmen. Solche Charaktere, deren Bewußtsein sich vor dem Leser öffnet, nehmen eine privilegierte Stellung im personalen Roman ein. Sie sind fast immer auf der Szene anwesend, und sie nehmen das Interesse des Lesers viel stärker in Anspruch als die übrigen Charaktere des Romans. Mit Hilfe dieser sogenannten personalen Medien tarnt sich im personalen Roman die Mittelbarkeit jedes epischen Vorganges mit dem Anschein objektiver Unmittelbarkeit. Indem nämlich diese personalen Medien den Standpunkt markieren, von dem aus der Leser die dargestellte Welt wahrnimmt, und indem ihre Reaktionen auf die Vorgänge in der dargestellten Welt bereits eine erlebnismäßige Analyse und einen aufschlußreichen Kommentar dazu bilden, übernehmen sie einen wesentlichen Teil der Funktionen des persönlichen Erzählers im auktorialen Roman und im Ich-Roman. Bei der Interpretation eines personalen Romans wird man sich daher am besten gleich zu Beginn die Frage vorlegen: wer sind diese Charaktere, die hier als personale Medien erscheinen? Welche menschlichen und geistigen Qualitäten besitzen sie? Darf der Leser ihnen vertrauen oder hat er ihrer Weltschau mit Vorbehalt zu begegnen? Aus der Persönlichkeit eines personalen Mediums wird, wie aus der Art der Optik einer Linse, auf den Grund der Verzerrung oder Entstellung des durch sie projizierten Bildes zu schließen sein. Auch hier ist wiederum die Skala der Möglichkeiten sehr breit. Sie läßt sich ungefähr abstecken, wenn man an ihrem einen Ende die geistig weit überdurchschnittlichen *central intelligences* eines Henry James mit der ihnen angeborenen Neigung zur Zerebralisierung aller ihrer Wahrnehmungen, Gefühle und Erlebnisse, oder etwa die Gestalt Vergils aus Brochs *Der Tod des Vergil* mit ihrer durch die Nähe des Todes noch gesteigerten poetischen Sensibilität ansetzt. Am anderen Ende der Skala begegnen Charaktere, die wie matte oder trübe Spiegel nur ein unklares, unvollständiges, oft auch verzerrtes weil unverstandenes Bild ihrer Welt reflektieren. Wir finden personale Medien dieser geistigen Konstitution in den Romanen Hemingways und Faulkners und in Brochs *Esch oder die Anarchie*. Hieher gehören auch die zahlreichen Hauptfiguren neuerer Romane mit vorwiegend personaler Erzählsituation, die in der geistlosen Unlust ihrer vegetativen Existenz gefangen sind. Aber auch Kafkas Josef K. *(Der Prozeß)* würde ebenso wie Emma Bovary *(Madame Bovary)* näher diesem Ende der Skala anzusiedeln sein als dem anderen, wo sich zum Beispiel Lambert Strether aus Henry James' *The Ambassadors* findet.

In den beiden folgenden Textbeispielen werden zwei in ihrer Idiosynkrasie ganz konträre personale Medien vorgeführt, Spencer Brydon aus Henry James' Erzählung *The Jolly Corner* und Matthias aus A. Robbe-Grillets *Le Voyeur*. Spencer Brydon ist nach langjährigem Europaaufenthalt nach Amerika zurückgekehrt. Durch die Rückkehr an die Stätte seiner Jugend drängt sich ihm die Frage auf, welchen Sinn sein bisheriges Leben gehabt habe, welche Wendung wohl sein Leben genommen hätte, wäre er der amerikanischen Wirklichkeit nicht ausgewichen. Während der einsamen nächtlichen Besuche in seinem einstigen Elternhaus, das jetzt leersteht, ist sein Bewußtsein aufs äußerste angespannt. In jedem Ding des Hauses liegt eine Erinnerung verborgen, in jedem Raum, dessen Tür er öffnet, glaubt er der Inkarnation oder dem Geist seines *alter ego*, das er wegen seiner Flucht aus Amerika nicht ausgelebt hat, zu begegnen. Der Text wird im Original zitiert, da es fast unmöglich ist, ihn — es handelt sich um ein charakteristisches Beispiel des vieldiskutierten Spätstils Henry James' — adäquat zu übersetzen.

He always caught the first effect of the steel point of his stick on the old marble of the hall pavement, large black-and-white squares that he remembered as the admiration of his childhood and that had then made in him, as he now saw, for the growth of an early conception of style. This effect was the dim reverberating tinkle as of some far-off bell hung who should say where?—in the depths of the house, of the past, of that mystical other world that might have flourished for him had he not, for weal or woe, abandoned it. On this impression he did ever the same thing; he put his stick noiselessly away in a corner—feeling the place once more in the likeness of some great glass bowl, all precious concave crystal, set delicately humming by the play of a moist finger round its edge. The concave crystal held, as it were, this mystical other world, and the indescribably fine murmur of its rim was the sigh there, the scarce audible pathetic wail to his strained ear, of all the old baffled forsworn possibilities. What he did therefore by this appeal of his hushed presence was to wake them into such measure of ghostly life as they might still enjoy [47].

Der Aufwand an Dingen und Vorgängen der äußeren Welt dieser Stelle ist minimal. Der Klang des Spazierstockes auf dem Marmorboden, sein Echo in dem leeren Haus, das schwarz-weiße Muster des Bodens im Vestibül: diese Kleinigkeiten genügen, um die Gedanken Brydons in Bewegung zu setzen, in eine Bewegung, die alles seinem Bewußtsein anverwandelt. Sogleich wird das leere Haus zu einem kristallenen Bowlenglas, dessen zarte Wände leise ertönen. Dieser Ton wandelt sich noch einmal, klingt nun wie ein Seufzer, wie eine geisterhafte Klage über das versäumte Leben von Brydons *alter ego*. In dieser Erzählung wird das geringste Ding der äußeren Welt zum Anstoß für weit ausholende Gebärden von Brydons Bewußtsein, durch die diese Dinge verwandelt werden in Erinnerungen, Vorahnungen, Stimmungen, Gedanken.

Das Ausmaß der intellektuellen und imaginativen Aktivität dieses personalen Mediums wird erst recht verständlich, wenn man es mit jenem in A. Robbe-Grillets Roman *Le Voyeur* vergleicht. Die Hauptgestalt dieses Romans, Matthias, befindet sich auch auf der Heimkehr. Als Handlungsreisender vom Festland besucht er die kleine Insel, auf der er geboren wurde. Eben legt das Schiff im Hafen der Insel an:

Die Bordwand bewegte sich weiter parallel zum Rand der Rampe; die Breite der Rinne, die sie noch davon trennte, mußte allmählich in dem Maße abnehmen wie das Schiff an der Mole entlangglitt — — wohl entlanggleiten mußte. Matthias versuchte einen Anhaltspunkt ausfindig zu machen. In dem Winkel der Rampe stieg und sank das Wasser an der braunen Steinwand. In dieser immerhin großen Entfernung von der Kaimauer sah man auf der Wasserfläche nichts von dem Unrat herumtreiben, der das Innere der Häfen verunreinigt. Die Algen, die unten an der Rampe wuchsen — — die die Flut abwechselnd hochspülte und wieder fallen ließ — —, leuchteten so frisch wie jene, die aus großen Tiefen aufsteigen; sie blieben wohl nie lange über Wasser. Jede kleine Welle riß beim Steigen die freien Enden der Büschel hoch und zog sie sofort wieder zurück, um ihre Massen verflochtener Schlingen von neuem ausgebreitet und weich auf triefendem Stein in Richtung des Gefälles hängenzulassen. Von Zeit zu Zeit schwemmte

ein stärkerer Strudel etwas höher hinauf und hinterließ beim Zurück-
fließen in einer Pflastermulde eine winzige, glänzende, schnell ver-
siegende Pfütze, in der sich der Himmel ein Weilchen spiegelte.

Auf der Suche nach einem Zeichen, an das er seinen Blick heften könnte,
fand Matthias schließlich an der senkrechten hinteren Mauer die Form
einer Acht, die deutlich genug eingeschliffen war, um als Anhaltspunkt
dienen zu können. Dieses Merkmal befand sich ihm genau gegenüber,
das heißt vier oder fünf Meter links von der Stelle, wo die Rampe
auftauchte. Ein brüskes Ansteigen des Wasserspiegels ließ es verschwinden. Als er drei Sekunden später die Stelle, die er nicht aus den
Augen lassen wollte, wiedersah, war er nicht mehr ganz sicher, dort die
Zeichnung zu erkennen, die er sich gemerkt hatte, andere Uneben-
heiten des Steines glichen nicht minder — — und glichen nicht mehr — —
den beiden kleinen, sich berührenden Kreisen, deren Bild er sich ein-
geprägt hatte.

Etwas, das man von der Dammhöhe heruntergeworfen hatte, fiel herab
und blieb auf der Wasserfläche liegen — — ein zusammengeknülltes
Papier in der Farbe der üblichen Zigarettenpackungen. Der Wasser-
spiegel im inneren Winkel der Rampe hob sich in demselben Moment,
in dem eine stärkere Welle von der abschüssigen Bahn zurückfloß. Der
periodische Zusammenprall geschah genau über dem blauen Papier-
bällchen, das mit einem klatschenden Geräusch verschlungen wurde;
ein paar Schaumtropfen spritzten an die senkrechte Wand, während
ein kräftiger Strudel wiederum die Algenbüschel überschwemmte und
darüber hinaus bis an die Pflastermulde hinaufschwappte.

Die Welle zog sich sofort wieder zurück; die weichen Algen blieben
ausgebreitet auf dem nassen Stein nebeneinander in Richtung des Gefälles ausgestreckt hängen. In dem hellen Dreieck spiegelte die kleine
Pfütze den Himmel [48].

Matthias richtet seinen Blick starr auf die Gegenstände der äußeren Welt, registriert sie wie eine Kamera und läßt es damit be-
wenden, wie es scheint. Oder tritt vielleicht in seiner Neigung,
in den Flächen, Linien und Überschneidungen der äußeren Dinge
geometrischen Figurationen zu erkennen, ein persönlicher Zug
hervor? Auffällig ist die Genauigkeit, mit welcher Einzelheiten
ohne jeden ersichtlichen Grund festgehalten werden. Der Leser
kommt von der Frage nicht los: was bedeutet all das für Matthias? Bedeuten diese Dinge, die sich hier so nachdrücklich seiner
Wahrnehmung einprägen, überhaupt etwas für ihn? Stellen sich
für ihn irgendwelche Bezüge her zwischen diesen scheinbar ganz
gleichgültigen Dingen und seinen augenblicklichen Gedanken?
Dieser Mensch wird wenige Stunden später einen sadistischen
Mord an einem jungen Mädchen begehen. In der blanken Leere,
in der unergründlichen stumpfen Passivität dieses Bewußtseins
keimt bereits die verbrecherische Tat. Maskiert sich dieses Be-

wußtsein? Darf der Leser ihm trauen? Man kann sich nicht ganz des Eindruckes erwehren, daß hier der Leser nach bewährter Manier des Detektivromans (und um einen solchen handelt es sich in gewissem Sinne) sozusagen auf eine falsche Fährte gesetzt wird.

Der Autor selbst bietet eine Antwort auf ganz anderer Ebene an. „Um uns herum, den Schwarm unserer seelenspendenden oder häuslichen Beiwörter herausfordernd, *sind* die Dinge *da*. Ihre Oberfläche ist säuberlich und glatt, *unberührt*, aber ohne zweideutigen Glanz und ohne Durchsichtigkeit. Es ist unserer ganzen Dichtung noch nicht gelungen, sie auch nur eine Spur anzuritzen oder die kleinste ihrer Krümmungen abzuändern. Von nun an müssen alle Dinge durch ihr Hiersein, durch ihre Gegenwart *(présence)* bezeichnet werden, durch das, was man ihr Vermögen und ihre Art ,da' zu sein nennen könnte... Die Dinge sind nicht mehr der schwankende Widerschein der schwankenden Seele des Helden, das Bild seiner Pein, der feste Halt seiner Sehnsucht." [49] Die Gegenstände der äußeren Welt behalten also auch als Bewußtseinsinhalte eines Menschen ihre unberührte Dinglichkeit, werden weder mit privater Symbolik aufgeladen noch mit persönlichsten Assoziationen verwoben. Das ist nur denkbar, wenn der Träger des Bewußtseins, das personale Medium, sich entpersönlicht, zur bloßen optischen Linse oder zur Kamera wird, die die Lichtstrahlen der äußeren Welt mit mechanischem Gleichmut aufnimmt. In diesem Sinne verstanden ordnet sich Robbe-Grillets Experiment ganz überraschend in einen größeren, historisch nachweisbaren Prozeß in der Entwicklung des Romans ein. Dieser Prozeß begann mit der Kritik an der unbeschränkten Subjektivität des auktorialen Erzählers, die dann zur Entpersönlichung, schließlich sogar zur Verbannung dieser persönlichen Erzählergestalt aus dem Roman führte und damit zum personalen Roman hinleitete. Die Funktionen dieses früheren Erzählers übernahm eine Romangestalt, das personale Medium. Robbe-Grillet schickt sich nun an, auch dieses personale Medium zu entpersönlichen. Eine Parallele dazu findet sich übrigens in dem Ich-Roman von Camus, *L'Etranger*. In beiden Fällen sind die persönlichen Erzählmedia durchlässig geworden, fungieren nur mehr, wie es scheint, als optische Linsen. Ein Vorläufer in diesem Experiment ist neben J. Dos Passos' Romanen Christopher Isherwoods *Goodbye to Berlin*, das mit den Worten beginnt: „I am a camera with its shutter open, quite passive, recording, not thinking." Auf dem Weg zur Entpersönlichung des personalen Mediums, der vielleicht schon mit Josef K. in Kafkas Romanen beginnt, findet man auch die Pronominalfiguren von Nathalie Sarraute, die *il, elle, ils, elles* der Romane oder genauer Studien *Tropismes* und *Le Planétarium*. Diese Pronominalfiguren sind Ausdruck und Träger einer Philosophie, die Jean-Paul Sartre für Nathalie Sarraute folgendermaßen formuliert: „Die Romanschriftsteller bemühen sich ... uns einzureden, daß die Welt aus unersetzlichen Individuen bestehe, die alle, sogar die Bösen, auserlesen seien und die alle leidenschaftlich, alle verschieden seien. Nathalie Sarraute zeigt uns die Mauer der Nichtauthentizität; sie zeigt sie uns überall. Und hinter dieser Mauer? Was ist da? Eben *nichts*. Nichts oder fast nichts."[50] Damit hat sich der personale Roman schon wieder sehr weit von der ursprünglichen Absicht seiner Initiatoren, Flaubert und Henry James, entfernt, für die diese Form des Romans in erster Linie ein Mittel war, die ganz unverwechselbare Individualität des Bewußtseins ihrer Gestalten nachzuzeichnen.

Die Frage, worin die besondere Darstellungsleistung des personalen Romans liegt, soll ohne weitere Berücksichtigung der hier aufgezeigten extremen Fälle beantwortet werden. Der Zug des personalen Romans zum Bewußtseinsdrama, zur kommentarlosen und scheinbar unredigierten Spiegelung erlebter Innenwelt ist so offensichtlich, daß darüber nicht ausführlicher gehandelt zu werden braucht. Selten hat sich ein bestimmter Stoff so eng mit einer bestimmten Form der Darstellung verbunden wie das für die Literatur neuentdeckte Bewußtsein, bzw. Unterbewußtsein des Menschen mit der Form des personalen Romans. Die Entwicklung des modernen Bewußtseinsromans etwa seit James Joyces *Ulysses* deckt sich fast ganz mit der Entwicklung des personalen Romans in der englisch-amerikanischen, der deutschen und der französischen Literatur. In diesen Romanen wird das äußere Geschehen, der Bereich der Haupt- und Staatsaktionen des älteren Romans, der Abenteuer, Kriege, Katastrophen, in seiner Bedeutung stark eingeschränkt. Oft bleibt von der äußeren Handlung nur mehr ein Gerüst aus alltäglichen, manchmal sogar recht banalen Vorgängen und Verrichtungen, auf dem die Bewußtseinsbilder einzelner Charaktere aufgespannt werden, so etwa in Virginia Woolfs *Mrs. Dalloway* und *To the Lighthouse*, oder in

Michel Butors *La Modification*, einem Roman, der zwar in der ungewöhnlichen *vous*-Form geschrieben ist, der aber seiner Anlage und Intention nach dem personalen Roman zugerechnet werden muß. Da im personalen Roman im allgemeinen nur kurze Zeitabschnitte, oft sogar nur Momente, aber in der ganzen Dichte und Simultaneität der Eindrücke, Gedanken, Erinnerungen und Assoziationen erlebt, zur Darstellung kommen, zeigt die Handlung eines solchen Romans ein anderes Zeitgerüst als etwa die eines auktorialen Romans, in dem im allgemeinen größere Zeiträume mit langsam sich vollziehenden Wandlungen im zeitraffenden Bericht des Erzählers zusammengezogen werden, oder als die eines Ich-Romans nach autobiographischem Muster, in dem eine ganze Lebenskurve nachgezeichnet wird. Die beiden Erlebnisdimensionen der Zeit, Simultaneität (der Bewußtseinsinhalte) und Dauer (als Summe erlebter und erinnerter Vergangenheit), über die im neueren auktorialen Roman viel diskutiert wird (*Der Zauberberg*), ist im personalen Roman innerhalb gewisser Grenzen darstellbar geworden. Es ist bezeichnend, daß die Ich-Form der Romane Prousts in Teilen deutlich zur personalen Erzählsituation hin abgewandelt wird, so z. B. in dem Teil von *Du côté de chez Swann*, welcher die Geschichte Swanns erzählt. Die Wendung nach innen, das Interesse des personalen Romans an der Innenwelt der Charaktere, schließt den Verzicht auf die farbenprächtige Fülle jenes Welttheaters, das sich auf der äußeren Bühne abspielt, mit ein. Die Kargheit an äußerer Handlung findet am deutlichsten in der auffälligen Verkürzung der Zeit, welche der Ablauf des Geschehens in Anspruch nimmt, Ausdruck. James Joyces *Ulysses*, ein in wesentlichen Teilen, aber nicht durchgehend personaler Roman, dauert knapp einen Tag und eine Nacht, M. Butors *La Modification* die Länge einer Bahnreise von Paris nach Rom, und Robbe-Grillets *Le Voyeur* drei Tage, von welchen allerdings nur einer ausführlich dargestellt wird. Während der verhältnismäßig kurzen Dauer dieser Romane wird aber im Bewußtsein oder in der Erinnerung eines Charakters ein größerer Zeitraum durchmessen, entweder in der Tiefe der Erinnerung oder aber auch in der Breite, bzw. der Dichte des erlebten Augenblicks. Jeder an äußerer Handlung arme Roman läuft Gefahr, langweilig zu werden. Der personale Roman ist dieser Gefahr in verstärktem Maße dort ausgesetzt, wo über längere Strecken hin nur Bewußtseinsinhalt dargestellt wird. Es hat bisher den Autoren nicht an Einfällen gefehlt, diese drohende Monotonie abzuwenden, etwa durch leitmotivische Komposition (ein Wort-, Gesten- und Dingmotiv kehrt an bestimmten Stellen bedeutungsvoll wieder), durch Analogie zwischen Romanwelt und Mythus *(Ulysses)* und Ähnliches. Auch kann die reiche Metaphorik der Sprache, besonders in Passagen, die den Bewußtseinsstrom einer Romangestalt wiedergeben, den Eindruck der Poetisierung des Romans erzeugen, wie an Virginia Woolfs *The Waves* oder an Brochs *Der Tod des Vergil* deutlich wird. Eines geht allerdings dem personalen Roman fast gänzlich und allgemein ab, der Humor und die Lust des auktorialen Romans, mit den Illusionen des Lesers und mit Wirklichkeit und Fiktion ein verwirrendes aber doch immer wieder auch befreiendes Spiel zu treiben. Das „Riesenscherzbuch *Ulysses*" macht auch hier eine Ausnahme. Durch die Vorgabe, nicht Roman d. h. Fiktion, Artefakt, sondern ein Stück Wirklichkeit, *une tranche de vie*, zu sein, hat der personale Roman ein für allemal auf dieses Illusionsspiel verzichtet[51].

Im personalen Roman wird nicht eine Geschichte *erzählt*, so wie sie sich in der Phantasie oder der Einbildung eines persönlichen, d. h. von subjektiven Momenten bestimmten Erzählers einstellt, sondern Wirklichkeit *dargestellt*, d. h. szenisch vorgeführt oder im Bewußtsein einer Romangestalt gespiegelt. Natürlich ist auch ein solcher Illusionsanspruch letzten Endes ein Stück Rhetorik, d. h. ein Mittel zur Leserbeeinflussung. Diese Art der Rhetorik ist aber subtiler, weniger offensichtlich als solche erkennbar und daher wirkungsvoller als etwa jene der fortgesetzten Leseranreden eines auktorialen Erzählers mit gleicher Absicht.

Der Autor des personalen Romans konzipiert, wählt aus, ordnet, strukturiert die Elemente der dargestellten Welt vielleicht noch sorgfältiger als der Autor eines auktorialen Romans oder eines Ich-Romans, er läßt sich aber dabei immer von der Absicht leiten, diesen geordneten Dingen den Anschein zu verleihen, als wären sie ganz planlos und zufällig der Wirklichkeit entnommen, als hätte eine unsichtbare und unbestechliche Kamera diese Aufnahmen dem Leben, so wie es ist, abgelistet. Der personale Roman scheint damit der Forderung vieler Kritiker, der Roman müsse Wirklichkeit reproduzieren, unverfälscht von Sentimenten, unredigiert durch philosophische oder moralische Vorstellungen des Autors, weitgehender zu entsprechen als andere Typen des

Romans. Ohne dieses Wirklichkeitspathos könnte der personale Roman auch nicht jene humanitäre Wirkung, in der kein anderer Typus an ihn heranreicht, erzielen. Die Hauptgestalten des personalen Romans sind im allgemeinen weit davon entfernt, Helden zu sein. Es sind, wie schon bemerkt wurde, z. T. recht gewöhnliche und durchschnittliche Menschen, manchmal sogar wenig anziehende Erscheinungen. Wie aber verändert sich die Einstellung des Lesers zu ihnen! Anfangs begegnet er ihnen mit Gleichgültigkeit, Mißtrauen oder sogar Abneigung. Je länger er jedoch durch die personale Erzählsituation gezwungen wird, sich ganz in die Lage einer solchen Romangestalt zu versetzen, desto geneigter wird er, dieser Gestalt ein gewisses Maß an Sympathie, zumindest aber Verständnis entgegenzubringen, ihre Eigenart, mag sie auch noch so wenig anziehend sein, mit Nachsicht und Toleranz zu beurteilen. Jane Austens Emma Woodhouse aus *Emma* — für die Autorin selbst „a heroine whom none but myself will much like" — und Emma Bovary sind die ersten Kronzeugen dieser Leistung des personalen Romans. Mit Leopold und Molly Bloom aus Joyces *Ulysses* oder mit Esch aus Brochs *Esch oder die Anarchie* haben sich die Anforderungen an die Sympathiewilligkeit des Lesers schon erheblich gesteigert. Spätere Autoren haben, wie zu erwarten war, auch hier das Äußerste unternommen, was nicht immer nur das menschliche Mitgefühl geweitet, nicht immer nur neue Sympathien für den gesellschaftlich deklassierten Menschen geschaffen und Vorurteile überwinden geholfen hat, sondern da und dort auch zu einer Ambivalenz oder Aufhebung von Wertmaßstäben des moralischen Empfindens in manchem unvorbereiteten Leser geführt haben mag [52]. Anderseits erscheint es ganz ausgeschlossen, den älteren Roman, in dem der Leser sich jederzeit auf die Führung durch den auktorialen Erzähler verlassen konnte, wegen der Fehlleistungen einzelner personaler Romane wieder zu propagieren. Zahllose Kommentare, mit welchen sich noch im Roman des 19. Jahrhunderts der persönliche Erzähler bemüht zeigte, dem Leser klarzumachen, wo er beifällig zu nicken und wo sich sein sittliches Gefühl zu entrüsten habe, erscheinen dem modernen Leser höchst anfechtbar. So ist auch zu verstehen, warum gerade diejenige Form des auktorialen Romans dem Geschmack des modernen Lesers am meisten entspricht, in welchem der Anspruch auf Allgemeinverbindlichkeit des auktorialen Urteils gleich darauf mehr oder weniger ausdrücklich durch Ironie unterhöhlt wird, wie es z. B. in jenen großen Romanen des auktorialen Typus, in *Tom Jones, Siebenkäs, Der Zauberberg* fortwährend geschieht. Der personale Roman entzieht sich diesem Dilemma. Die in ihm *explicite* dargestellte Wertwelt ist die subjektive Wertwelt bestimmter Charaktere des Romans, die keinen Anspruch auf allgemeinere Gültigkeit erhebt. Der Leser wird veranlaßt, sich ein eigenes Urteil zu bilden, wobei ihm allerdings mancher verborgene Hinweis des Autors zu Hilfe kommt. Entscheidend bleibt dabei das Bewußtsein des Lesers, dem dargestellten Charakter und seinem Verhalten unvoreingenommen, unabhängig und frei gegenüberzustehen. In dieser Hinsicht befindet sich der Leser eines personalen Romans in einer Stellung gegenüber der dargestellten Welt, die mit jener des Zuschauers im Schauspiel vergleichbar ist. Der personale Roman ist der Typus, mit dem sich der Roman der dramatisch-mimetischen Situation am weitesten genähert hat.

ENTWURF EINES TYPENKREISES

> „So wunderlich sind diese Elemente zu verschlingen, die Dichtarten bis ins Unendliche mannigfaltig, und deshalb auch so schwer eine Ordnung zu finden, wonach man sie neben oder nacheinander aufstellen könnte. Man wird sich aber einigermaßen dadurch helfen, daß man die drei Hauptelemente in einem Kreis gegen einander über stellt und sich Musterstücke sucht, wo jedes Element einzeln obwaltet. Alsdann sammle man Beispiele, die sich nach der einen oder nach der andern Seite hinneigen, bis endlich die Vereinigung von allen dreien erscheint und somit der ganze Kreis in sich geschlossen ist."
>
> (Goethe über die drei Dichtweisen, Epos, Lyrik und Drama, in den *Noten und Abhandlungen zum besseren Verständnis des West-Östlichen Diwans*)

Schon der Versuch, die drei Typen, den auktorialen Roman, den Ich-Roman und den personalen Roman, voneinander abzugrenzen, hat zum Vorschein gebracht, daß diese begrifflichen Konstruktionen nicht kategorial voneinander geschiedene, gleichsam nebeneinander liegende Möglichkeiten meinen, sondern Erzählsituationen, von denen jede in den beiden anderen *in nuce* enthalten ist. Daher kann jede einzelne typische Erzählsituation durch graduelle Verstärkung oder durch Zurückdrängung charakteristischer Züge aus den beiden anderen Erzählsituationen abgeleitet werden. Wendet man Goethes Anregung einer kreisförmigen Anordnung der allgemeinen Dichtweisen auf die typischen Formen des Romans an, so wird dieses Verhältnis der drei Typen zueinander schematisch darstellbar. Auf dem Typenkreis wird je ein Drittel des Umfangs von einem der drei Typen beansprucht, so daß auf dem dreigeteilten Kreis die Typenstellen dann so zueinander geordnet liegen, daß dadurch ihre gegenseitige Verwandtschaft sichtbar wird. Zwischen den eigentlichen Typenstellen sind breite Zonen des Übergangs, der Mischformen und der abgewandelten Typenformen anzunehmen[53].

Geht man von der Typenstelle des auktorialen Romans aus, so stehen zwei Richtungen, in welchen die typisch auktoriale Erzählsituation abgewandelt werden kann, offen: zum Ich-Roman und zum personalen Roman. Der Weg vom auktorialen Roman zum Ich-Roman ist gekennzeichnet durch die allmähliche Annäherung des auktorialen Erzählers an die dargestellte Welt. Wo er sie erreicht und in sie eintritt, beginnt der Ich-Roman. Diese Annäherung ist etwa so vorzustellen, daß der Erzähler, der zunächst als Betrachter von einem allwissenden, olympischen Standpunkt außerhalb und über der dargestellten Welt das Geschehen berichtet hat, zunächst vereinzelte, dann immer zahlreichere Fäden, die ihn persönlich mit der einen oder anderen Romangestalt verbinden, anspinnt. Dies geschieht, indem er etwa durchblicken läßt, daß er diese oder jene wichtige Mitteilung von einer Romangestalt unmittelbar erhalten habe, oder daß er dieser oder jener Gestalt später einmal begegnet sei (*Vanity Fair*). Je enger diese Bindung zwischen Erzähler und Charakteren wird, desto deutlicher zeigt sich auch die Art der Zugehörigkeit des Erzählers zur Welt der Charaktere. Bleibt er an der Peripherie als beobachtender Zeitgenosse, dann ist die Stelle eines solchen Romans auf dem Typenkreis in einiger Entfernung von der Typenstelle des Ich-Romans in Richtung auf den auktorialen Roman hin anzusetzen. Ein Roman, dessen Erzähler auch als handelnde Person ins Geschehen verwickelt ist, in dem also neben dem erzählenden Ich auch das erlebende Ich hervortritt, nähert sich der Typenstelle des Ich-Romans. Die weitere Annäherung an die Typenstelle des Ich-Romans ist so vorzustellen, daß das erlebende Ich immer mehr Übergewicht über das erzählende Ich in der Darstellung erlangt, bis schließlich die Ich-Erzählung zum inneren Monolog wird (Schnitzlers *Leutnant Gustl*, Faulkners *The Sound and the Fury*). Schreitet man den Typenkreis von der Typenstelle des auktorialen Romans in die andere Richtung ab, so zieht sich der auktoriale Erzähler mehr und mehr vom Erzählvorgang zurück. Hinweise auf das Erzählen unterbleiben bald vollständig, auktoriale Kommentare werden immer knapper und unpersönlicher, bilden dann eine Art kurzer Regieanweisung und bleiben schließlich überhaupt aus. Sobald der Erzähler ganz hinter seinen Charakteren zurückgetreten ist, glaubt der Leser nicht mehr den Erzähler als Vermittler der Geschichte vor sich zu haben, sondern unterwirft sich der Illusion, ähnlich wie in einem Schauspiel unmittelbar vor der dargebotenen Szene zu stehen, bzw. die dargestellte Welt im Bewußtsein einer Romangestalt gespiegelt zu sehen. Gerade das Stück des Typenkreises zwischen dem auktorialen und dem personalen Roman macht klar, wie die allmähliche Abwandlung der einen Erzählsituation zur andern mit einer kontinuierlichen, praktisch lückenlosen Reihe von Romanbeispielen belegt werden kann. Diese Kette verbindet mit zahlreichen Übergangsgliedern so verschiedene Werke wie Th. Manns *Der Zauberberg* mit Flauberts *Madame Bovary* und diese wiederum mit Henry James' *The Ambassadors* und schließlich mit Virginia Woolfs *Mrs. Dalloway* oder *To the Lighthouse*. Doch auch hier geht die Variation der Erzählsituation über die Typenstelle des eigentlichen personalen Romans hinaus. Wie jenseits der Typenstelle des Ich-Romans entsteht auch hier nun immer mehr der Eindruck, als würde nicht mehr „erzählt", sondern als würde Bewußtseinsinhalt wie in einem Spiegel reflektiert. Die extremen Versuche der Bewußtseinsdarstellung im Er-Bezug sind hier anzusetzen, Teile des *Ulysses*, *Finnegan's Wake* und zahlreiche Werke, in welchen Joyce nachgeahmt wird, gehören hierher. Das Experiment der extremen Durchführung der personalen Erzählsituation trifft sich schließlich auf dem Typenkreis mit dem Experiment der extremen Durchführung der Ich-Erzählsituation. Hier schließt sich die kreisförmige Anordnung der Typen und ihrer möglichen Abwandlungen.

Auf diesem Typenkreis kann die der besonderen Erzählsituation eines jeden Romans entsprechende Stelle aufgefunden werden. Selbstverständlich liegt nicht darin die eigentliche Bedeutung eines solchen Schemas, sondern im Aufweisen der Relation eines Werkes zu den typischen Formen. Noch wichtiger ist vielleicht der heuristische Wert eines solchen Schemas, das klar werden läßt, wie alle Möglichkeiten des Erzählens aus der Grundsituation der Mittelbarkeit der Darstellung im epischen Vorgang und ihren zahllosen Variationen und Modifikationen, die selbst ihre scheinbare Aufhebung miteinschließen, ableitbar sind.

Wie auch bei anderen Typensystemen, erweist sich die logische Geschlossenheit dieser Typologie aus ihrer Totalität. Auf gleicher Unterscheidungsbasis sind nämlich keine weiteren Typen als die hier definierten und die zugehörigen Varianten denkbar. Die Totalität, mit welcher hier gattungsgegebene Möglichkeiten des Romans in den drei Typen und ihren Abwandlungen erfaßt werden, findet weiterhin eine Bestätigung darin, daß die drei Typen des Romans in einer auffälligen Korrespondenz zur herkömmlichen Gattungstriade Epik, Lyrik, Dramatik, stehen, bzw. zu den „Grundbegriffen der Poetik", wie sie Emil Staiger auffaßt, dem Epischen, dem Lyrischen und dem Dramatischen als „Namen für fundamentale Möglichkeiten des menschlichen Daseins überhaupt"[54]. Zu erproben, wie weit mit dieser Korrespondenz ein konkreter Zusammenhang zwischen Gattungsabstraktion und Romanform aufgewiesen ist, wäre verlockend, doch müßte man sich dabei gegen die Versuchung wappnen, der reinen Spekulation oder der Faszination, die von der Mystik der Dreizahl ausgeht, gewachsen zu sein.

TYPEN DES AUFBAUS

> „Kann man die Zeit erzählen, diese selbst, als solche, an und für sich?"
>
> (Thomas Mann, *Der Zauberberg*)

Es sind viele Ansätze denkbar, auf denen eine Typologie des Romans aufgebaut werden kann. Welche Voraussetzungen gegeben sein müssen, daß eine Romantypologie auch praktisch, d. h. in der Interpretation des einzelnen Werkes, verwendbar wird, ist einleitend bereits ausgeführt worden. Eine Romantypologie, der die charakteristischen Formen des Romanaufbaus zugrunde gelegt sind, erfüllt zweifellos diese Voraussetzungen. Leider steht eine ausführliche und die Einzeluntersuchungen zusammenfassende Darstellung der typischen Aufbauformen des Romans noch aus. Eberhard Lämmert hat jedoch in seinen *Bauformen des Erzählens*

(1955) das Feld für eine solche Typologie bereits abgesteckt und hat, ausgehend vom Zeitgerüst der Handlung, eine Typologie der Aufbauformen des Romans skizziert. Diese Typologie soll hier im Anschluß an die Darstellung der typischen Erzählsituationen näher betrachtet werden, weil an ihr gezeigt werden kann, wie sich zwei Typologien, die auf ganz verschiedenen Grundlagen aufgebaut sind, gegenseitig ergänzen. Die Bedeutung der Typologie auf der Grundlage der Erzählsituation ist vor allem darin zu suchen, daß sie die besondere Textur einer Erzählung sichtbar macht, die Bedeutung der nun zu beschreibenden Typologie liegt dagegen auf dem Gebiet der Struktur, im besonderen der Zeitstruktur eines Romans.

Lämmert geht von den Vorarbeiten Günther Müllers über das Verhältnis von „erzählter Zeit" und „Erzählzeit" im Roman aus [55] und entwirft nach der Gliederung des Geschehens in seiner zeitlichen Längserstreckung und nach der „Anlage und Verkleidung des Zeitgerüstes in der Erzählung" drei Typenreihen [56]. Typenreihen beschreiben nicht einzelne statuarische Modelle, sondern stecken den Variationsraum, die Skala der denkbaren Abwandlungen und Mischformen zwischen zwei extremen Darstellungssituationen, ab. Das ist ein methodologischer Vorteil von nicht geringer Bedeutung, denn der heuristische Wert einer Typologie für die Interpretation des Romans hängt nämlich auch davon ab, wie weit sich durch Modifikation einzelner Elemente oder durch Variation der Grundfigur Neben- und Mischformen von den konstituierten Typen ableiten lassen. Die Romantypen auf Grund der Erzählsituation haben dieser Forderung entsprochen, indem sie sich in kreisförmiger Anordnung als fortlaufend abwandelbar von einem Typus zum anderen hin erwiesen haben. Lämmerts Entwurf ist eine auch methodologisch willkommene Ergänzung dazu, da Lämmert nicht eine triadische oder kreisförmige Anordnung benutzt, sondern eine polare oder dualistische, in welcher die möglichen Varianten des einzelnen Typus auf einer Strecke linear angeordnet vorzustellen sind.

Lämmerts erste Typenreihe faßt den Gesamtumriß des erzählten Geschehens ins Auge. Sie spannt sich von der inhaltlich knappen „Krisengeschichte" mit verhältnismäßig kurzer erzählter Zeit oder Handlungsdauer bis zur weit ausgreifenden, eine lange Handlungszeit aufrollenden „Lebensgeschichte". Eine Erzählung wie *Das Erdbeben in Chili*, in welcher die Erzählung einer Katastrophe die Form ganz füllt, wird als Beispiel für die eine typische Bauform angeführt, für die andere könnte fast jeder Generationen- oder Familienroman oder jeder Roman, in dem die ganze Lebenskurve eines Helden nachgezeichnet wird, Thomas Manns *Die Buddenbrooks* ebenso wie Stifters *Der Nachsommer* oder Defoes *Moll Flanders*, als Beispiel zitiert werden. Dazwischen sind zahllose Übergangsformen denkbar. Ist die Stelle auf der Typenskala ausfindig gemacht, wo das individuelle Werk anzusiedeln ist, dann ist auch bereits ein Ansatzpunkt für die Interpretation vom Aufbau her gefunden, die Gewähr dafür bietet, daß sie an das temporale Sinngefüge des Romans heranführen wird.

In den meisten Fällen ist die Einordnung auf der Typenreihe jedoch nicht ganz einfach, weil viele Romane nicht so offensichtlich zu einem Ende der Skala tendieren wie in den bereits erwähnten Beispielen. Gerade aber an „schwierigen" Beispielen wird der Sinn einer typologischen Klassifikation am deutlichsten. Henry Fieldings *The History of Tom Jones, a Foundling* ist, wie der Titel bereits ankündigt, die Lebensgeschichte Toms von seiner Geburt bzw. seiner Auffindung bis zu seiner Heirat. Auf Grund der Handlungsdauer der Geschichte von ungefähr zwei Jahrzehnten wäre der Roman auf Lämmerts Typenreihe nahe dem Ende mit dem Typus „Lebensgeschichte" einzureihen. Berücksichtigt man aber nicht allein die Handlungsdauer, d.h. die erzählte Zeit, sondern auch das Verhältnis von erzählter Zeit zu Erzählzeit, den Grad der Muße und Ausführlichkeit oder der Hast und Knappheit, die der Erzähler der Darstellung einzelner Episoden und Abläufe angedeihen läßt, so kommt man zu einer ganz anderen Ansicht. Es zeigt sich nämlich, daß in *Tom Jones* fast die ganze Lebensgeschichte in verhältnismäßig knapp geraffter Form berichtet wird, nur die letzten Wochen vor der die Handlungskurve beschließenden Heirat des Helden werden in großer Breite und in szenischer Lebendigkeit dem Leser vorgeführt (20 Jahre Lebensgeschichte werden auf ungefähr einem Viertel des Gesamtumfanges, die drei Wochen der kritischen Ereignisse unmittelbar vor der Heirat und dem Handlungsende dagegen auf drei Viertel des Umfangs erzählend ausgebreitet). In diesen letzten Wochen und Tagen führt Toms Lebensweg durch eine ganze Reihe von Irrungen und Wirrungen, Abenteuern und Krisen, um ihm dann am Ende eine ganz neue Richtung zu weisen. Aus dem unbekümmerten Jüngling, an dessen Erlebnishunger seine literarische

Abkunft vom Stamme des unverwüstlichen *picaro* kaum verborgen bleibt, ist ein verantwortungsbewußtes Mitglied bürgerlicher Gesellschaft geworden. Diese Wandlung und Läuterung vollzog sich aber nicht wie in einem Entwicklungsroman, etwa wie in Gottfried Kellers *Der grüne Heinrich*, in einem Prozeß allmählichen Reifens, sondern im Schmelztiegel kritischer Erlebnisse weniger Tage und Wochen. *Tom Jones* ist daher auf Lämmerts Typenreihe eher der „Krisengeschichte" als der „Lebensgeschichte" zuzuordnen. Damit ist einer Interpretation des Romans bereits ein wichtiger Fingerzeig gegeben. Das Augenmerk des Lesers wird nicht auf die lange und flache Entwicklungskurve Toms bis zu seinem zwanzigsten Lebensjahr, sondern auf die Umstände der abenteuerlichen und dramatischen Ereignisse der letzten Tage und Wochen zu richten sein. Das Handlungsschema dieser kritischen Zeit für Tom Jones ist komödienhafter Art. Die Schicksalskurve des Helden neigt sich steil nach unten, um dann, sobald ein spannungsgeladener Tiefpunkt durchschritten worden ist, ebenso steil wieder nach oben zu führen, zur Aufdeckung des Komplotts seines bösen Widersachers, zu seiner genealogischen Rehabilitierung, durch die er der von ihm umworbenen Squiretochter gesellschaftlich ebenbürtig wird, und nicht zuletzt zur Erkenntnis seines wahren guten Charakters. An dieser Krisenhandlung mit ihrer Dramatik, Abenteuerlichkeit und ihren Überraschungen baut sich das Sinngefüge des Romans auf. Der Held ist ein Mensch von unverstellten, natürlichen Anlagen, im Sinne Shaftesburys etwa ein guter Mensch, dessen Güte naturgegeben ist, ein Teil noch nicht verderbter *human nature*. Nicht die persönliche Entwicklung des Helden steht daher im Mittelpunkt des Romans, sondern das Verhängnis der Mitwelt Toms, ihn in seinem wahren Charakter und Wesen zu verkennen. Daran trägt eine Intrige (Dramatik!) ebenso schuld wie die Engstirnigkeit konventioneller Moral und die Eitelkeit menschlichen Geltungsstrebens (Zeitkritik!). Nachdem in bewährter Komödienmanier die Intrige ans Licht gebracht, die situationellen Hindernisse beseitigt und die moralische Beurteilung Toms ins rechte Lot gerückt worden sind, steht dem *happy ending* nichts mehr im Wege. Man holt die Geigen und die Hochzeit findet statt. In der Schlußharmonie stellt sich der ursprüngliche Zustand, der vorübergehend gestört war, wieder her. Weder sozial noch moralisch ist etwas anders geworden. Es ist überhaupt nichts geworden, gewachsen, neu entstanden, was vorher nicht war, oder was nicht wieder zu beseitigen wäre. Die dargestellte Wirklichkeit des Romans ist eine gesellschaftlich statische Welt, in welcher die temporale Dimension weder als Raum einer historisch-politischen Evolution noch als Tiefe der persönlichen Erinnerung des individuellen Bewußtseins eine Rolle spielt. Literarhistorisch gesehen steht Fieldings Roman in dieser Hinsicht am Ende einer Epoche. Schon bei seinem Zeitgenossen Samuel Richardson und dem etwas jüngeren Laurence Sterne wird das Zeitkontinuum und der historische Prozeß in der Zeit eine wichtige Komponente im Sinngefüge ihrer Romane. Dies ließe sich durch einen typologischen Vergleich der von diesen Romanautoren verwirklichten Aufbauformen nachweisen. Fieldings *Tom Jones* ist auch darin eine charakteristische „Krisenerzählung", daß hier das Geschehen mit einer verblüffend präzisen Mechanik abläuft und die Handlung vom Autor sehr straff geführt wird. Noch deutlicher träte die Eigenart dieses Romans hervor, vergliche man seinen Handlungsaufbau und sein Zeitgerüst mit einem typischen Werk der „Lebensgeschichte", etwa mit Gottfried Kellers *Der grüne Heinrich*, dessen Geschichte in gemächlicher Gangart des Erzählens fast vollständig nachgezogen wird. Zwischen diesen beiden Lebensgeschichten scheint eine ganze Welt zu liegen, was durch die typologische Einordnung der beiden Werke an den entgegengesetzten Enden von Lämmerts erster Typenreihe („Krisengeschichte" bis „Lebensgeschichte") deutlich gemacht oder bestätigt werden kann.

Die zweite Typenreihe Lämmerts läuft von der „einsinnig erzählten" zur „umgestellten" oder „aufgesplitterten" Geschichte. Die „einsinnige Erzählung" ist häufig in der Novelle, Kurzgeschichte, aber auch im Entwicklungsroman, im Reise- und Abenteuerroman, so z. B. in Defoes *Robinson Crusoe*, anzutreffen. Günther Müller hat die Aufbauform der „einsinnigen Lebenskurve" genauer charakterisiert: „... diese Form verläuft zeitlich im Sinn des Uhrzeigers vorwärts durch Jahre, wohl auch Jahrzehnte, und sie bringt dabei die Umwelten zusammen mit dem Vorwärtsschreiten des werdenden Ich hervor. Sie ist überdies bestimmt von einem im Grunde einheitlichen Sinn des Werdens, und sie stellt einen kurvenartigen Ablauf dar, der sich von außen in seiner Einheit überblicken läßt." [57] Wie verschiedenartig die Abwandlungen auch dieser typischen Aufbauform sein können, wird schon daraus ersichtlich, daß sowohl *Tom Jones* als auch

Der grüne Heinrich diesem Typus zuzurechnen sind. Das Merkmal, mit dem ein Roman als einem Typus zugehörig erscheint, bestimmt diesen Roman eben nur in e i n e m, wenn auch sehr wesentlichen Punkt. So ist es möglich, daß zwei Werke, die auf der einen Typenreihe auseinandergetreten sind, auf einer anderen Typenreihe sich nahe beisammen finden. Es ist damit das, was die beiden Romane gemeinsam haben und was sie voneinander scheidet, gekennzeichnet.

Noch reichhaltiger sind die Abwandlungen der typischen Form am anderen Ende der zweiten Typenreihe. Lämmert unterscheidet: „Umstellen von ganzen Großabschnitten der Geschichte; Ausfächerung und Verzweigung der Geschichte in Einzelverläufe und -zustände; schließlich Aufsplitterung in disparate Erzählmomente." Als Beispiel für Umstellung und Verzweigung der Geschichte in der Erzählung werden Jean Pauls *Flegeljahre* und *Titan* angeführt. Als kurioses und zugleich klassisches Beispiel einer umgestellten Handlung kann Laurence Sternes *Life and Opinions of Tristram Shandy, Gent.* hinzugefügt werden, in dem z. B. die Geburt des Titelhelden lange nach seinem ersten Auftreten auf der Bühne des Romans erzählt wird. Die Ausfächerung und Verzweigung der Erzählung in Einzelgeschichten kann den unterschiedlichsten Absichten dienen. Sie wird notwendig, wo es gilt, ein breites Panorama, das Sittenbild einer ganzen Epoche, zu zeichnen, wie es John DosPassos mit seiner programmatisch betitelten Trilogie *U.S.A.* versucht. Von ganz anderer Art ist die Mehrgleisigkeit von Romanen, in welchen ein Geschehen gleichsam perspektivisch umkreist wird, indem nacheinander verschiedene Personen ihre persönliche Version dieses Geschehens erzählen, z. B. in Lawrence Durrells Tetralogie, genannt *Alexandria Quartet*, oder Gerd Gaisers *Schlußball*. Die Aufsplitterung der Geschichte in kaleidoskopartige Bildfolgen, die Segmentierung von Handlungsabläufen in zusammenhanglos dargestellten Bruchstücken ist besonders im neuesten Roman und in der Nachfolge von James Joyce mit recht verschiedenem Erfolg versucht worden, so auch von Virginia Woolf, Faulkner, John DosPassos, dessen *Manhattan Transfer* hier als besonders auffälliges Beispiel erwähnt werden muß.

In der dritten Typenreihe Lämmerts ist das unterscheidende Kriterium das relative Gewicht des äußeren Geschehens der Geschichte im Verhältnis zu anderen Elementen des Inhalts, wie z. B.

Milieuschilderung, Reflexion, Essayistisches, Bewußtseinsdarstellung, usw. Diese Skala nimmt an ihrem einen Ende die geschehnisreichen Romane eines Scott auf und reicht hinüber zu den nur mehr von einem ganz dürftigen Ereignisgerippe getragenen Bewußtseinsspiegelungen in den Romanen etwa einer Virginia Woolf. Auf wiederum ganz andere Weise sind die Gewichtsverhältnisse in Brochs *Die Schlafwandler* verschoben, wo die Erzählung der Geschichte immer wieder abgelöst wird durch essayistische Einschübe, allgemeine zeitkritische Kommentare und andere nicht direkt zur Geschichte gehörige Teile. Der Roman als *mixtum compositum* ist jedoch nicht eine Erscheinung der neuesten Zeit. Friedrich Schlegels *Lucinde* und, am Anfang der Romangeschichte, John Lylys *Euphues* zeigen, welche disparaten Elemente durch eine bestimmte Absicht oder Stimmung der Erzählung zusammengeschmolzen werden können. Die in den zuletzt genannten Werken bereits angedeutete Grenzsituation wird in Gottfried Benns *Roman des Phänotyp* zum Prinzip erhoben [58].

Die Anregungen, die aus den hier charakterisierten Typenreihen für die Interpretation des Romans zu gewinnen sind, gehen noch weiter, als hier im einzelnen Fall ausgeführt werden kann. So wirft die Gestaltung des äußeren Umrisses der Geschichte die Frage auf, warum bestimmte Teile etwa einer Lebensgeschichte oder eines Zeitbildes ausgeführt, andere dagegen vom Erzähler ausgespart, übergangen oder nur sehr stark gerafft berichtet werden. An der Auswahl der dargestellten Wirklichkeit (auf die literarisch-ontologische Frage, ob das Ausgesparte, Übersprungene im allgemeinen vom Autor überhaupt konzipiert wird und damit existiert, kann hier nicht eingegangen werden) wird konkreter als anderswo die Leistung des Autors, der aus der chaotischen, unübersichtlichen Wirklichkeit des Lebens den künstlerisch geordneten Kosmos der dargestellten Welt herauswachsen läßt, sichtbar. Totalität und Universalität des Kunstproduktes gründen sich nicht wie die des Lebens, der Wirklichkeit, auf Vollständigkeit der Phänomene, auf ein Inventar des *plenum formarum* der Schöpfung, sondern bestehen in der wesentlichen Repräsentativität des Dargestellten, oder mit den Worten von Henry James: "Art is essentially selection, but it is a selection whose main care is to be typical, to be inclusive." [59]

Auch aus der Umstellung oder Neugruppierung der Geschichte in der Erzählung können sich sehr interessante Interpretationsprobleme ergeben, denn die darstellende Anordnung der einzelnen Ereignisse ist Ausdruck von aufgedeckten Sinnbezügen und Zusammenhängen, die in dem *ordo naturalis* der chronologischen Reihenfolge der Ereignisse nicht erkennbar wird. Eine besondere Form der Umstellung ist die Abschweifung, die Digression oder der Exkurs des Erzählers, wie sie mit Vorliebe von humoristischen Erzählern wie Rabelais, Sterne und Jean Paul geübt wird. Was hier von der Sache wegzuführen scheint, treibt aber nicht selten das eigentliche Anliegen des Autors voran, indem es den Leser zwingt, Gedankenbezüge zwischen zwei, wie es scheint, weit auseinanderliegenden Gebieten herzustellen. Auch die Verwirrung des Lesers, die Steigerung seiner Erwartung oder der Spannung überhaupt, kann auf diese Weise erzielt werden. So wird also auch durch die Umstellung oder Neugruppierung der Geschichte die Haltung des Lesers zum Erzählten wesentlich beeinflußt. Damit berühren sich bereits Fragen, die vor allem durch Lämmerts dritte Typenreihe zur Diskussion gestellt werden. Welche Funktion haben jene Teile des Romans, die nicht Geschichte erzählen, das Geschehen nicht direkt vorantreiben? Sind sie legitime Elemente des Romans oder stören sie den Zusammenhang der Erzählung und damit die Illusion des Lesers? Die Romankritik hat hierzu keine einheitliche Stellung bezogen. Von Verfechtern einer Gattungslehre, die in den klassischen, reinen Formen einer literarischen Gattung exemplarische Modelle zu sehen geneigt ist, wird die Anhäufung von reflektivem, kommentierendem, exkursivem Material in einem Roman, das die Erzählung der Fabel zu überwuchern droht, im allgemeinen beklagt. Man wendet ein, daß alles, was nicht in Geschehen und Charaktere umgesetzt, was nicht in der Erzählung objektiviert oder dramatisiert werden kann, einer anderen Aussageweise, etwa der essayistischen, anheimfalle, die jedoch eine ganz andere Gültigkeit als das bloß Erzählte beanspruche. Das Nebeneinander von Aussagen auf verschiedenen Ebenen des Sinns und der Gültigkeit störe die innere Einheit des Romans und der in ihm dargestellten Welt. Angesichts der vielen neuen Romane, in welchen diese Forderung nicht beachtet wird, etwa in Tolstois *Krieg und Frieden* und in den Romanen Thomas Manns, Brochs, Aldous Huxleys und anderer, in welchen die Autoren immer wieder *in propria persona* das Wort ergreifen, bzw. ihrer Erzählerfiguren dazu benützen, von ihnen essayistische Exkurse vortragen zu lassen, wird man nach einer großzügigeren

Abgrenzung dessen, was zu einem Roman gehört, suchen müssen. Genetisch betrachtet ist der Roman gar keine „reine" Gattung. Zu seiner Entstehung haben das in Prosa aufgelöste Epos, die Biographie, der Essay, das Schauspiel, die Chronik und die Realienliteratur der verschiedensten Gebiete beigetragen. Es ist aber sicherlich nicht die Rückbesinnung auf diesen historischen Zustand, welche die neueren Autoren dazu anregt, den Inhalt ihrer Romane enzyklopädisch auszuweiten. Vielmehr ist es die Erkenntnis, daß nicht die Sache, was immer sie sei, noch auch die Weise ihrer Aussage, sondern einzig und allein die Art ihrer Einordnung in das Sinngefüge des Romans, ihre „epische Integration"[60], entscheidend sein kann.

TYPEN DER SUBSTANZ

> „Man kann eigentlich nichts real definieren als eine Definition selber."
>
> (Jean Paul, *Über die Poesie überhaupt – Ihre Definitionen*)

Charaktere und Handlung sind die „Grundsubstanzen", aus denen epische und dramatische Dichtung geformt wird. Das Gegeneinander von Wille und Fatum, das sich in Raum und Zeit ereignet, ist der unausschöpfbare Gegenstand der Literatur. Auf diesen primären poetologischen Kategorien, Charakter und Handlung, Raum und Zeit und dem sie verbindenden Nexus Kausalität haben Edwin Muir und Wolfgang Kayser ihre Typologien des Romans konstituiert.

Wolfgang Kayser geht von der Frage aus, welche von den drei „Substanzschichten" — Handlung, Charakter, Raum — in einem Roman so ausgeformt ist, daß sie den Gehalt des Romans trägt. Er findet als Antwort darauf drei typische Möglichkeiten, die er Geschehnis- bzw. Handlungsroman, Figurenroman und Raumroman nennt. Diese Typen hat Wolfgang Kayser in seiner Einführung in die Literaturwissenschaft *Das sprachliche Kunstwerk* (1948) entworfen und in seinem Essay *Entstehung und Krise des modernen Romans* (1954) genauer bestimmt[61]. Die entscheidende Anregung dazu fand Kayser in Edwin Muirs *The Structure of the Novel* (1928), wo die Typendreiheit *novel of character, dramatic novel* und *chronical* lautet[62]. Muirs Typentriade ist vornehmlich den drei Wahrnehmungskategorien Raum, Zeit und Kausalität zugeordnet. Muirs und Kaysers Typen lassen sich zwar einander gegenüberstellen, doch sind dabei auch wichtige Überschneidungen zu beachten. Die Korrespondenz zwischen Typentriade und den grundlegenden Wahrnehmungskategorien — sie wird von Muir ausdrücklich postuliert und auch bei Kayser angedeutet — zeigt, wie auch diese Typologien notwendigerweise zu einer Totalität des Systems streben. Im Vergleich zu den bereits besprochenen Typologien ist für die Entwürfe von Muir und Kayser eine gewisse Kargheit an konkreten Bestimmungsmerkmalen kennzeichnend. So ist Kayser sichtlich in Verlegenheit, wenn es darum geht, seinen Typus des Figurenromans von den anderen beiden Typen scharf abzugrenzen. Figuren, handelnde und erlebende Charaktere, sind ja in allen Romanen eine „tragende Substanzschicht". Es ist auch bezeichnend für diesen Ansatz, daß das Wesentliche solcher Typen erst in den beigefügten Interpretationen und Werkbeispielen zum Vorschein kommt. So z. B. gewinnt Kaysers Figurenroman erst durch seinen Hinweis auf Cervantes' *Don Quijote*, in dem die Zentralfigur mit solcher Wesensfülle und ironischer Tiefe ausgestattet ist, daß von ihr der bunten und der vielschichtigen Welt dieses Romans eine ideelle Einheit aufgeprägt wird, klarere Konturen.

In Muirs *novel of character* wird der Gehalt des Romans vornehmlich von den Charakteren, denen sich der Handlungsverlauf unterordnet, getragen. Als Beispiel nennt Muir Thackerays *Vanity Fair*. Es ist bekannt, daß sich Thackeray bei der Konzeption dieses Romans weitgehend davon leiten ließ, den in seiner Vorstellung bereits allseitig ausgeformten Hauptcharakteren Gelegenheit zu schaffen, ihr Wesen handelnd zu enthüllen. Die Charaktere eines solchen Romantypus sind nach Muir überwiegend statisch aufgefaßt, sie zeigen geringe Neigung, sich im Laufe des Geschehens zu ändern, zu entwickeln. Der wesentliche Vorgang eines solchen Romans ist das allmähliche Aufdecken von Eigenschaften, von gesellschaftlichen Zusammenhängen und Bindungen zwischen den Charakteren und von äußeren Umständen, durch die das Leben der Charaktere mitbestimmt wird. Wir finden daher hier auch häufig den Roman mit dem kritischen Zeitbild, mit dem Gesellschaftsporträt, mit der Milieuschilderung. Das Besondere der Anlage dieses Typus wird aber erst recht klar durch den Kontrast mit dem anderen Typus, den Muir *dramatic novel* nennt. In einem Roman dieses Typus besteht eine viel stärkere Bindung und gegenseitige Abhängigkeit zwischen Handlung und Charakteren als im ersten Typus. Die Charaktere entwickeln sich im Ablauf des Geschehens, die Handlung selbst entspringt ihrer Eigenart, und ihre Eigenart steuert wiederum das Geschehen. Ein Ereignis führt mit innerer Konsequenz zum andern, alles läuft auf eine logische Schlußlösung hin, die sich als wirkliche Lösung der Probleme der Charaktere und der Verwicklungen der Handlung gibt. Der Aufbau eines solchen Romans ist streng und nach logischen Gesichtspunkten gefügt. Während der Typus *novel of character* viel Welt „verbraucht", den Blick stets nach außen auf die politische und soziale Wirklichkeit richtet (in *Vanity Fair* die Welt des oberen Mittelstandes von London zur Zeit der Napoleonischen Kriege), schränkt der Typus *dramatic novel* den Schauplatz und das Blickfeld auf den unmittelbaren Umkreis des Geschehens ein. So findet sich z. B. in den Romanen Jane Austens, die in der Ära der Napoleonischen Kriege entstanden sind und deren Handlung in dieser Epoche anzusetzen ist, kaum ein Hinweis auf die gleichzeitigen kriegerischen und politischen Ereignisse. Die Charaktere einer *dramatic novel* leben in einer geschlossenen, eng umgrenzten Welt, die jedoch Charakter und Geschehen in ganz entscheidender Weise zu bestimmen vermag, wie an Emily Brontës unübertrefflich eindrucksvoller Erzählung von den Menschen einer abgelegenen Farm in der Moorlandschaft von Yorkshire, *Wuthering Heights,* zu zeigen wäre. Das wesentliche Sinngefüge der *dramatic novel* baut sich in der Zeit auf, im Drama des Geschehens, während das Gewebe der Bezüge, aus welchem der Gehalt der *novel of character* im wesentlichen besteht, überwiegend im Raum seine Entfaltungsdimension findet.

Damit ist in Muirs Typologie jene Stelle erreicht, von der Kayser seinen Ausgang nimmt. Ehe jedoch Kaysers System näher betrachtet werden kann, muß noch auf Muirs dritten Typus chronical, verwirklicht in Tolstois *Krieg und Frieden,* kurz eingegangen werden. Es ist die epische Breite, mit welcher hier Außen- und Innenwelt gestaltet werden, die umfassende zeitliche Perspektive, in welcher das individuelle Schicksal eingebettet erscheint in den Wellengang der Geschichte, das Mysterium der Zusammenhänge zwischen Mensch und Welt, das Problem der Kausalität, welche diesen Typus formen. Es ist offensichtlich, daß dieser Typus nicht mit derselben Prägnanz umrissen werden kann wie die anderen beiden. Die Kriterien, die ihn von den anderen Typen aussondern, sind nicht ganz genau zu fassen, was seinen Grund darin zu haben scheint, daß es sich eher um eine Mischform, um eine Abwandlung der anderen beiden Typen, als um einen selbständigen Typus handelt. Dies schmälert kaum das unbestreitbare Verdienst Muirs, als einer der ersten eine umfassende Typologie entworfen zu haben, in der allen Typen der gleiche Rang zugesprochen wird, und die sich darauf beschränkt, die Eigenart eines jeden Typus, das Gesetz seines Baues, seine besondere Darstellungsleistung zu beschreiben. Mit diesem Verfahren beginnt die eigentliche typologische Richtung der Romantheorie.

Versucht man Wolfgang Kaysers Typen „Handlungsroman", „Figurenroman" und „Raumroman" auf ihre Entsprechung zu Muirs Typen festzulegen, so zeigt sich sogleich, wie stark die Grenzziehungen trotz der Gemeinsamkeit des Ausganges von den gleichen primären Kategorien der Poetik voneinander abweichen. In den Abweichungen spiegeln sich, so scheint es, nicht nur gewisse Unterschiede zwischen dem englischen und dem deutschen Roman, etwa die engere Bindung des deutschen Romans inhaltlich und methodisch an die Philosophie (woraus eine Typenbezeichnung wie „Raumroman" überhaupt erst verständlich wird)[63], sondern auch zwischen den Diskussionsthemen und den Begriffen der englischen und deutschen Romantheorie. Während z.B. Kaysers Figurenroman im wesentlichen durch den Entwicklungs- und Bildungsroman historisch verwirklicht ist, fällt es schwer, für diese so wichtige Gruppe von Romanen einen Platz in einem von Muirs Typen zu finden, da sie sowohl der *dramatic novel* als auch der *novel of character* zugeordnet werden können, je nachdem, ob mehr die Charakterentwicklung oder mehr die Beziehung zwischen Ich und Welt in den Vordergrund gerückt wird. Bekanntlich fehlt in der Terminologie der englischen Literaturkritik ein konziser Ausdruck für Bildungs- bzw. Entwicklungsroman.

Kaysers Figurenroman hat, wie oben bereits ausgeführt wurde, seine paradigmatische Ausformung in Cervantes' *Don Quijote* erfahren. Zu diesem Typus rechnet Kayser dann auch den Entwicklungs- und Bildungsroman, durch welche Zuordnung die Konturen dieses Typus schon deutlicher hervortreten. Hierher gehören dann aber auch jene Romane, in welchen sich Welt in einer

Einzelseele spiegelt. Als charakteristische Beispiele nennt Kayser Wielands *Agathon*, Goethes *Werther* und Lamartines *Raphaël*.

Den Typus Raumroman kennzeichnet dagegen die Vielzahl der Schauplätze, auf denen sich Ereignisse begeben, die als Episoden selbständige Geltung haben können und nicht erst als Erlebnis einer Romanfigur zu Eigenwert gelangen. Durch Zuordnung zu diesem Typus ließe sich z. B. die Besonderheit des pikarischen Romans von der Art des *Lazarillo de Tormes* oder des *Unfortunate Traveller* von Thomas Nashe von einem charakteristischen Figurenroman wie *Don Quijote* abheben. Das Sinngefüge des pikarischen Romans kann sich, wie aus einem solchen Typenvergleich hervorgeht, ohne erlebnismäßige Individualisierung seiner Zentralfigur vollenden. Als sinntragende Substanz genügt die Serie der Schauplätze, der Weltausschnitte, die in diesem Roman das jeweilige Geschehen stärker zu bestimmen scheinen als der *picaro* selbst. Aber jede Weiterentwicklung des pikarischen Romans über die literarisch noch recht anspruchslose Stufe des *Lazarillo* und des *Unfortunate Traveller* hinaus muß zur Annäherung an den Figurenroman führen. Grimmelshausens *Simplizissimus*, Le Sages *Gil Blas*, Fieldings *Tom Jones* und am eindringlichsten wohl Thomas Manns *Die Bekenntnisse des Hochstaplers Felix Krull* machen dies klar. Kayser selbst hat seine zunächst etwas zu starre Zuordnung des pikarischen Romans zum Typus Raumroman später etwas gelockert und die häufigen Übergänge zum Figurenroman berücksichtigt [64]. Muir sieht im pikarischen Roman eine Gattung, die sich nicht vollständig einem seiner Typen unterordnen läßt. Sofern die Abenteuer des *picaro* vornehmlich der Absicht dienen, ihn mit einer Vielzahl von Personen verschiedener Schichten der Gesellschaft in Berührung kommen zu lassen, z. B. in Smolletts *Roderick Random*, nähert sich der pikarische Roman dem Typus der *novel of character*. Erschöpft sich der Sinn der pikaresken Episoden vorwiegend im Abenteuerlichen und Spannenden, dann steht der pikarische Roman der *novel of action* näher, einer primitiven Form der *dramatic novel*. Beide Typologen, Muir und Kayser, müssen damit eingestehen, daß eine zwar ältere, aber recht beliebte und daher auch weit verbreitete Romangruppe mit den von ihnen vorgeschlagenen Typen nicht ganz adäquat in ihrem wesentlichen Gefüge zu erfassen ist. Das soll nicht besagen, daß mit Hilfe dieser Typen solchen Werken nichts abzugewinnen wäre. Allein schon die Erkenntnis, ob ein pikarischer Roman mehr zum

Raumroman oder mehr zum Figurenroman, mehr zur *novel of character* oder mehr zur *novel of action* neigt, kann für die Interpretation bedeutsam sein.

Es ist noch einmal zu Kaysers Raum- und Figurenroman zurückzukehren. Auch an der Schlußlösung, die ja für die Interpretation immer erheblich mehr Gewicht hat als irgendein anderer Teil des Romans, läßt sich der Unterschied in der Anlage von Raum- und Figurenroman nachweisen. Für den Raumroman kann eine bloß episodische Schlußbildung, das Abbrechen nach einem letzten Abenteuer, nach der Heimkehr oder der Heirat des Helden usw., genügen. Im Figurenroman muß aber am Schluß die Erlebniskurve immer zu einem markanten Wende-, Krisen- oder Ruhepunkt geführt werden. Der unvermittelte Abbruch des dargestellten Raumes wirkt selten fragmentarisch, der unvorbereitete Abbruch einer Lebensgeschichte, also der Handlungszeit, hinterläßt immer den Eindruck des Unvollendeten. In diesem Punkt zeigt sich am deutlichsten die Korrespondenz zwischen Kaysers Raumroman und Muirs *novel of character* einerseits und Kaysers Figurenroman und Muirs *dramatic novel* anderseits. Zum Raumroman wird man ergänzend zu Kayser auch den sozialkritischen Roman zu zählen haben, in dem die Milieuschilderung und die Analyse von Institutionen und Einrichtungen im Vordergrund stehen und in welchen den Figuren eine Selbstverwirklichung nur soweit möglich ist, als die Voraussetzungen ihres Lebensraums dies zulassen. John DosPassos' *Manhattan Transfer* und seine Trilogie *U.S.A.* sind solche kritische Zeitbilder, in denen keine Lebenskurve der zahlreichen Figuren, die hier auftreten, Eigenwert erlangt, was schon daraus ersichtlich wird, daß diese Lebenskurven irgendwo ganz unvermittelt abbrechen oder sich an irgendeiner Stelle des Romans aus dem Gesichtsfeld des Lesers verlieren.

Der Geschehnis- oder Handlungsroman zeichnet sich durch straffen Bau und Geschlossenheit der Handlung gegenüber den anderen beiden Typen aus. Einige der ältesten Formen des Romans gehören hierher, der spätgriechische Roman, der Barockroman mit seiner Vorliebe für reiche äußere Handlungen und Liebesverwicklungen, Scotts historische Romane, auch der Schauerroman. Die Nähe des Trivialromans ist in diesem Typus vielleicht stärker zu spüren als beim Figurenroman. In den Bereich des Geschehnisromans gehören nach Kayser aber auch Goethes *Wahl-*

verwandtschaften, während sich *Wilhelm Meister* dem Formtypus des Raumromans nähere.

Hier könnte ein grundsätzlicher Einwand gegen solche und ähnliche typologische Entwürfe erhoben werden. Welchen Sinn hat eine Einordnung nach Typen, wenn auf diese Weise so disparate und wertverschiedene Werke wie sie hier in allen drei Gruppen genannt wurden, schließlich in ein und derselben Klasse aufscheinen? Darauf kann entgegnet werden, daß die Erkenntnis dessen, was ein Trivialroman und ein Meisterwerk der Romanliteratur miteinander gemeinsam haben, sowohl für den Literarhistoriker, der der Genesis eines bedeutenden Werkes nachspürt, als auch für den Romaninterpreten, der im Ähnlichen noch das Unähnliche, die besondere Physiognomie des einzelnen Werkes aufzudecken bestrebt ist, von erregender Relevanz sein kann. Die typologische Bestimmung eines Werkes ist auch darin einer Röntgenaufnahme vergleichbar, daß hier wie dort die Evidenz des Sachverhaltes erst durch das geschulte Auge des Diagnostikers, bzw. durch das kritische Urteil des Interpreten festgestellt werden kann.

„Ein so großes Tier wie ein Roman muß notwendig ein Rückgrat haben" (Otto Ludwig). Wovon der Zoologe mit anatomischer Gewißheit reden kann, das vermag der Interpret des Romans oft nur mit Mühe auszumachen. Das tragende Element im Sinngefüge eines Romans kann aus den verschiedensten Materialien geformt sein, es kann auch aus einem elusiven Gespinst von inneren Bezügen bestehen. Die drei Typologien des Romans, die hier beschrieben wurden, weisen der Interpretation Wege zur Auffassung von drei verschiedenen, in ihrer Bedeutung aber gleichrangigen tragenden Elementen des Romans: zur Erzählsituation, an welcher die Textur der Bezüge zwischen Erzähler und Werk, zwischen Autor und Leser und schließlich zwischen Werk und Leser sichtbar wird, zum Aufbau, der Zeitstruktur der Handlung, die als Metapher der Sinnstruktur des Romans gelten kann, und zu den Grundsubstanzen Raum, Zeit, Kausalität, Handlung, Charaktere, aus welchen die Welt eines jeden Romans geformt ist, von denen aber meist eine auf bedeutungsvolle Weise den Primat im Sinngefüge des Romans übernimmt. Diese drei Typologien ergänzen einander auf sehr glückliche Weise. Dennoch stecken sie nur ein begrenztes Gebiet auf der

Landkarte der Gattung Roman ab. Es überrascht daher nicht, wenn es daneben noch zahlreiche andere typologische Ansätze gibt. Die meisten stammen von Romanautoren, die sich mit Hilfe eines Typenentwurfs Klarheit über die von ihnen bevorzugte Romanform verschaffen wollen. Solche meist nur skizzenhaft ausgeführte Typenentwürfe sind bezeichnenderweise fast immer dualistisch oder antithetisch angelegt. Man konstituiert einen Anti-Typus als Gegenbild, von dem dann durch Kontrast und Vergleich der Prototypus, das Vorbild für das eigene Werk abgegrenzt und in seinen genauen Konturen herausgearbeitet wird. Ein typologisches Verfahren dieser Art war den Autoren aller Epochen der Geschichte des Romans vertraut. Es erklärt die wiederkehrenden Gegenüberstellungen von *history* und *romance* bei Fielding, von *novel* und *romance* bei Congreve, Clara Reeve und Hawthorne, von „romantisch-epischer" und „romantisch-dramatischer" Form des Romans bei Jean Paul, von „Roman des Nebeneinander" und „Roman des Nacheinander" bei Gutzkow, ebenso wie die Konfrontierung eines „Antiromans", wie ihn Jean-Paul Sartre in den Werken Nathalie Sarrautes verwirklicht sieht, oder eines „Romans des Phänotyp" (Gottfried Benn) mit der Form des konventionellen oder bürgerlichen Romans.

Aber auch der erfahrene Romanleser hält wissend oder unwissend Typenschemata des Romans parat, wenn er mit der Lektüre eines Werkes beginnt. Ihn leitet dabei eine ganz andere Absicht als den Autor, der auf diese Weise den Typus seines Werkes im wesentlichen zu definieren oder von dem Herkömmlichen kritisch abzusondern und zu distanzieren sucht. Dem Leser geht es um die möglichst vollständige Aneignung des umfangreichen und mannigfaltig facettierten Werkes in seinen wesentlichen Zügen. Typenschemata, denen sich das individuelle Werk einordnen oder von welchen es sich absetzen läßt, helfen dem Leser, den ganzen Umfang überschaubar zu machen und das Mannigfaltige seines Gehaltes zu gliedern und zu ordnen. So hat der Vorgang der typologischen Bestimmung des einzelnen Romans bereits Anteil an der geistigen Inbesitznahme des Werkes durch den Leser. Sie vollzieht sich in den ersten Stadien als Wahrnehmung von Ähnlichem in Unähnlichem, von Gleichem in Ungleichem, von Typischem in Individuellem und umgekehrt. Die Perzeption von *similitudo in dissimilitudine* und umgekehrt von *dissimilitudo in similitudine* galt in der Poetik des 18. Jahrhunderts als das Wesen des Kunsterlebnisses schlechthin. Die moderne Literaturwissenschaft läßt sie nur als e i n e n wichtigen Teilaspekt des komplizierten und vielschichtigen Aktes, als welcher die Aufnahme eines sprachlichen Kunstwerkes durch einen Leser vorzustellen ist, gelten. Weiß sich die Romantypologie auch als *ancilla* der Romaninterpretation, als Wegbereiterin zum ersten Verständnis des Sinngefüges aus Stoff und Form eines Romans, zu bescheiden, so wird ihr doch Anerkennung als einem der praktischsten Kapitel der allgemeinen Literaturwissenschaft nicht versagt bleiben können.

ANMERKUNGEN

(Die Ziffern links am Rande verweisen auf die zugehörigen Seiten.)

3 [1] Deutsch in Anlehnung an die Übersetzung von Christian Boß-
ler und F. F. Baur, Stuttgart 1865.

3 [2] *Kritische Dichtkunst*, Leipzig 1737, S. 638.

4 [3] Zit. nach Friedrich Sengle, „Der Romanbegriff in der ersten
Hälfte des 19. Jahrhunderts", *Festschrift für Franz Rolf Schröder*,
Heidelberg 1959, S. 216. Eine solche Auffassung vom Roman findet
sich keineswegs nur bei seinen voreingenommenen oder naiven
Kritikern. So läßt z. B. auch Lionel Trilling zwar eine gewisse
Bedeutung der erzählerischen Gestaltung im Roman gelten, doch
meint er, daß der Roman im Vergleich zu den anderen Gattungen
in seiner Form vorwiegend durch das Akzidens des Stofflichen in
seinem Inhalt bestimmt werde. In der folgenden Stelle aus dem
Essay „Art and Fortune", die von einem Satz aus der Ethik des
Aristoteles ausgeht, kommt dies ganz deutlich zum Ausdruck:
„Fortune fosters Art: there is indeed something fortuitous in all
art, and in the novel the element of the fortuitous is especially
large ... This predominance of the fortuitousness in the novel
accounts for the roughness of grain, even the coarseness of grain
as compared with the other arts, that runs through it. The novel
is, as many have said of it, the least ,artistic' of genres ... Yet the
headlong, profuse, often careless quality of the novel, though no
doubt wasteful, is an aspect of its bold and immediate grasp on
life." *The Liberal Imagination*, New York 1950, S. 277/78.

4 [4] Die Diagnose, die Henry James 1884 für die Situation des englischen Romans gibt, gilt im großen und ganzen auch für den französischen und den deutschen Roman der damaligen Zeit: „Only a
short time ago it might have been supposed that the English novel
was not what the French call *discutable*. It had no air of having
a theory, a conviction, a consciousness of itself behind it — of
being the expression of an artistic faith, the result of choice and
comparison. I do not say that it was necessarily the worse for
that ... It was, however, *naif* ... there was a comfortable, good-
humored feeling abroad that a novel is a novel, as a pudding is a
pudding, and that this was the end of it." *The Art of Fiction*,
Boston o. J., DeWolfe & Fiske, S. 52.
In Wirklichkeit liegen die Anfänge der Diskussion über den Roman,
aus welcher die moderne Romantheorie hervorgegangen ist, etwas

72

weiter zurück als H. James meint, doch sind sie so eingebettet in die konventionelle, inhaltsbestimmte Romankritik, daß erst der rückschauende Historiker sie als Ansätze des Neuen auszumachen imstande war. Richard Stang konnte in seiner Untersuchung *The Theory of the Novel in England, 1850—1870*, (New York 1959) auf Grund eines genauen Studiums der Romankritik vor allem in den Zeitschriften und Magazinen dieser Zeit nachweisen, daß sich die Romankritik bereits einige Jahrzehnte vor H. James einer Reihe von wesentlichen Problemen und Fragen der Romantheorie bewußt geworden war und sie zur Diskussion gestellt hatte.

5   5 Mit der Frage, wie sich Kunst zur Wirklichkeit, Romanfiktion zur historischen Welt, *art* zu *life* verhält, haben sich zahlreiche Romanautoren auseinandergesetzt und recht verschiedene Antworten darauf gefunden. Walther Killy hat in *Wirklichkeit und Kunstcharakter* (München 1963) neun Romane des 19. Jahrhunderts unter dem Gesichtspunkt dieser Frage interpretiert. In seiner Einleitung heißt es: „Eine neue, *der Schönheit und Kunst verwandte und befreundete Wirklichkeit* ersetzt, übertrifft und ordnet die empirische, deren sich der Dichter bemächtigt hat, nicht um sie zu vernichten, sondern um sie seinem Kunstganzen anzuverwandeln. Solche Erwägungen ... sollen deutlich machen, daß der Roman an die Stelle der Unübersehbarkeit geschichtlich-prosaischen Lebens die Überschaubarkeit und Sinnfülle des Kunstproduktes setzt. Dabei büßen die Verhältnisse und Mächte des Daseins nichts an Unergründlichkeit und Macht ein; aber sie kommen zusammenhängender zur Anschauung, und zwar um so mehr, je höheren Rang das Erzählwerk hat." (S. 14). Damit ist auch die in der neueren Romantheorie vorherrschende Auffassung dieses Problems charakterisiert. Diese „idealistische" Auslegung des Verhältnisses Fiktion — Wirklichkeit begründet dann den Anspruch auf höhere oder allgemeinere Gültigkeit der in einem Roman dargestellten Welt. Doch ist auch dieser Anspruch nicht unwidersprochen geblieben. Vgl. Aldous Huxley, *The Genius and the Goddess*, London 1955, S. 7: „The trouble with fiction ... is that it makes too much sense. Reality never makes sense." Zur Diskussion über das Verhältnis von Fiktion zu Wirklichkeit vgl. auch R. Wellek und A. Warren, *Theory of Literature*, New York 1949, bes. Kap. XVI „The Nature and Modes of Narrative Fiction".

6   6 Mark Schorer, „Technique as Discovery", *Forms of Modern Fiction*, ed. William Van O'Connor, Minneapolis 1948, S. 9.

6   7 Zit. nach Hans Robert Jauss, *Zeit und Erinnerung in Marcel Prousts „A la recherche du temps perdu"*, Heidelberg 1955, S. 15.

6   8 Es ist auffällig, daß sich vor allem englische und amerikanische Romantheoretiker und im deutschen Sprachraum Anglisten mit der Frage des Erzählerstandpunktes, des *point of view*, beschäftigt haben: Percy Lubbock, *The Craft of Fiction*, London 1921; Norman Friedman, „Point of View in Fiction: The Development of a Critical Concept", *PMLA* LXX (1955), S. 1160—84; Wayne C. Booth,

The Rhetoric of Fiction, Chicago 1961; Robert Weimann, „Erzählerstandpunkt und *point of view*: Zur Geschichte und Ästhetik der Perspektive im englischen Roman", *Zeitschrift für Anglistik und Amerikanistik*, Jg. 1962, S. 369—416; F. Stanzel, *Die typischen Erzählsituationen im Roman*, Wien-Stuttgart 1955.

7 [9] Walter Pabst, „Literatur zur Theorie des Romans", *DVjs* Jg. 34 (1960), S. 264.

8 [10] Max Weber, *Gesammelte Aufsätze zur Wissenschaftslehre*, Tübingen 1922, S. 190.

8 [11] Vgl. dazu Eberhard Lämmert, *Bauformen des Erzählens*, Stuttgart 1955, S. 15/16.

9 [12] Die Notwendigkeit einer historischen Bewährung der Romantypen wurde vom Verfasser dargelegt in „Die typischen Formen des englischen Romans und ihre Entstehung im 18. Jahrhundert", *Stil- und Formprobleme der Literatur*, hgg. von Paul Böckmann, Heidelberg 1959, S. 243—248.

10 [13] Einer der wenigen Hinweise darauf findet sich bei Percy Lubbock, *The Craft of Fiction*, London 1921, Kap. I.

11 [14] *Publication of the Modern Language Association of America*, vol. LXX (1955), S. 1160—1184.

11 [15] Otto Ludwig, „Formen der Erzählung", *Gesammelte Schriften*, Leipzig 1891, Bd. VI, S. 202 ff.

11 [16] Eine Übersicht über die verschiedenen Unterscheidungen von „epischen Grundformen" gibt Wolfgang Kayser, *Das sprachliche Kunstwerk*, Bern 1948, S. 180 ff.

14 [17] Die für die Romantheorie nicht unerhebliche Frage der Funktion und Bedeutung des epischen Praeteritums ist zuerst von Käte Hamburger in mehreren Aufsätzen zur Diskussion gestellt worden (*DVjs* XXV, S. 1 ff.; XXVII, S. 329 ff.; XXIX, S. 390 ff.). In ihrer *Logik der Dichtung* (Stuttgart 1957) bildet diese Frage einen wichtigen Teilaspekt des dort dargelegten dichtungstheoretischen Systems. Gegen die allgemeine Gültigkeit der von K. Hamburger vorgetragenen Ansicht, daß das epische Praeteritum im Roman (mit Ausnahme des Ich-Romans) nicht Vergangenes sondern gegenwärtig Vorzustellendes bezeichne, wurden vom Verfasser Einwände vorgebracht in „Episches Praeteritum, erlebte Rede, historisches Praesens", *DVjs* Jg. 33 (1959), S. 1—12. Dort finden sich auch weitere Literaturangaben zu dieser Frage.

16 [18] Die „typischen Erzählsituationen" hat Verfasser ursprünglich anhand von Interpretationen paradigmatischer Romane voneinander abgegrenzt und beschrieben in *Die typischen Erzählsituationen im Roman: Dargestellt an ‚Tom Jones', ‚Moby-Dick', ‚The Ambassadors', ‚Ulysses' u.a.*, Wien-Stuttgart 1955 (1963), (*Wiener Beiträge zur englischen Philologie*, Bd. LXIII).

20 [19] Thomas Mann, „Joseph und seine Brüder" (Ein Vortrag), *Neue Studien*, Frankfurt/Main, Suhrkamp, 1948, S. 160.

22 20 Jean-Paul Sartre, „Qu'est-ce que la littérature?", deutsch von Hans Georg Brenner, *Was ist Literatur?*, Rowohlts deutsche Enzyklopädie 1958, S. 87.

22 21 Zur Einführung in die schwierige Problematik der Abgrenzung des Romans vom Epos in der Gattungslehre sei auf Herbert Seidler, *Die Dichtung — Wesen, Form, Dasein*, Stuttgart 1959, bes. S. 535 f. verwiesen.

22 22 J. W. Goethe, *Maximen und Reflexionen*, Jub.Ausgabe Bd. 38, S. 255.

23 23 E. M. Forster, *Aspects of the Novel*, New York 1927, S. 118 ff.

   24 Die für die Interpretation eines Romans sehr wichtige Frage der „Verläßlichkeit" des Erzählers untersucht zum ersten Male ausführlich Wayne C. Booth in *The Rhetoric of Fiction*, Chicago 1961, Kap. VII, VIII, XI und XII, wo unter anderem zwischen mehreren charakteristischen Erscheinungsweisen des „unreliable" oder „fallible narrator" unterschieden wird.

27 25 Vgl. Bertil Romberg, *Studies in the Narrative Technique of the First-Person Novel*, Stockholm 1962, S. 40/41.

27 26 Vgl. Wolfgang Kayser, „Wer erzählt den Roman?", *Deutschunterricht für Ausländer* VII (1957), S. 167 ff.

28 27 A.a.O., S. 150/51.

28 28 Ebd., S. 151—165.

28 29 A.a.O., S. 21 ff. und S. 220 ff.

28 30 Vgl. Verf., „Episches Praeteritum, erlebte Rede, historisches Praesens", *DVjs* 33 (1959), S. 10 ff.

29 31 Zur Umarbeitung des *Grünen Heinrich* und ihrer Bedeutung für die theoretische Bestimmung des Ich-Romans vgl. B. Romberg, a.a.O., S. 237 ff., wo auch weitere Literaturhinweise gegeben werden.

29 32 Vgl. G. N. Ray, *Thackeray — The Uses of Adversity*, London 1955, S. 346.

29 33 Henry James, *The Art of the Novel*, ed. Richard P. Blackmur, New York 1950, S. 321. Dort heißt es weiter von der Ich-Erzählung, sie sei „the darkest abyss of romance" und „the first person, in the long piece, is a form foredoomed to looseness" (S. 320). Ein ähnliches Vorurteil bezüglich der Ich-Erzählweise ist auch bei manchem Kritiker und Theoretiker des Romans anzutreffen, so z. B. bei Roman Koskimies (*Theorie des Romans*, Helsinki 1935), der wiederum von Albert Thibaudet, dem Verfasser einer grundlegenden Flaubert-Studie, beeinflußt zu sein scheint. Vgl. dazu auch W. Pabst, „Literatur zur Theorie des Romans", a.a.O., S. 270.

30 34 Zu dieser Entwicklung im englischen Ich-Roman vgl. Verf., „Die typischen Formen des englischen Romans und ihre Entstehung im 18. Jahrhundert", a.a.O., S. 247 f.

31 35 Zit. nach Käte Friedemann, *Die Rolle des Erzählers in der Epik*, Leipzig 1910, S. 39.

31 [36] Augustinus, *Bekenntnisse,* übertragen und eingeleitet von H. Endrös, Goldmanns Gelbe Taschenbücher, München 1963, S. 36.

33 [37] Die Schillerschen Termini werden bereits von K. Friedemann auf einen ähnlichen Sachverhalt angewendet, nämlich auf den Unterschied in der Erzählhaltung von Quellenerzähler und Nacherzähler in einem Roman (Cid-Hamet-Ben-Egeli und dem eigentlichen Erzähler des *Don Quichote*), a.a.O., S. 42/43.

33 [38] Hans Robert Jauss, a.a.O., S. 54 f., dort auch der Hinweis auf Leo Spitzer, *Stilstudien* II, S. 478.

34 [39] Wolfgang Kayser, „Das Problem des Erzählers im Roman", *The German Quarterly,* vol. 19 (1956), S. 237.

34 [40] Ebd. S. 233.

35 [41] Somerset Maugham, *Cakes and Ale,* Penguin Books, S. 157. Deutsch vom Verfasser.

38 [42] Die Bedeutung des Briefromans für die Entstehung des Bewußtseinsromans hat Verf. ausführlicher behandelt in „Innenwelt — Ein Darstellungsproblem des englischen Romans", *GRM* XII (1962), S. 273—286.

38 [43] Der Terminus stammt aus Samuel Richardsons „Preface" zu *Clarissa Harlowe.*

40 [44] Erich Auerbach, *Mimesis — Dargestellte Wirklichkeit in der abendländischen Literatur,* Bern ²1959, S. 449.

42 [45] G. Flaubert, *Lehrjahre des Gefühls,* deutsch von Paul Wiegler, Rowohlts Klassiker, Hamburg 1959, S. 97.

42 [46] Vgl. K. Friedemann, a.a.O., S. 4 ff.

45 [47] Henry James, „The Jolly Corner" *The Short Stories of Henry James,* The Modern Library, New York 1948, S. 618.

46 [48] Alain Robbe-Grillet, *Der Augenzeuge,* deutsch von Elmar Tophoven, Deutscher Taschenbuch Verlag, München 1962, S. 9/10.

47 [49] Alain Robbe-Grillet, „Für einen Realismus des Hierseins", *Akzente* 1956, S. 316/17. Konkreter sieht Roland Barthès die Idee, die der Autor in *Le Voyeur* zu gestalten sucht: „Der ‚Voyeur' ist ein Buch, das sich nur befürworten läßt als absolute Übung der Verneinung, und es geschieht in dieser Eigenschaft, daß es eingehen kann in die sehr schmale Zone, ... wo die Literatur sich zerstören will, ohne es zu können ... Indem (der Autor) die Erzählform zu entgiften versucht, bereitet er vielleicht, ohne sie noch zu vollbringen, eine Entwöhnung des Lesers vor in bezug auf die essentialistische Kunst des bürgerlichen Romans." Zit. nach Gerda Zeltner-Neukomm, *Das Wagnis des französischen Gegenwartsromans,* Rowohlts deutsche Enzyklopädie, 1960, S. 82.

48 [50] Jean-Paul Sartre, Vorwort zur Nathalie Sarrautes *Portrait eines Unbekannten,* deutsch v. Elmar Tophoven, Köln-Berlin 1962, S. 11.

50 [51] Trotzdem bleibt die Frage „Was ist wirklich?" auch für den personalen Roman aktuell. Sie wird hier aber durch ganz andere Sachverhalte aufgeworfen, z. B. durch das Problem der Abgren-

zung eines „wirklichen" Erlebnisses von seinem erinnernden Nach-
vollzug oder von seiner imaginativen Erweiterung und Umgestal-
tung im Bewußtsein eines Charakters.

51 [52] Vgl. dazu W. C. Booth, *The Rhetoric of Fiction*, Kap. XIII („The
Morality of Impersonal Narration").

53 [53] Zur Veranschaulichung des Typenkreises wird auf die beiden
Diagramme in *Die typischen Erzählsituationen im Roman*, S. 163
und 166 verwiesen.

55 [54] Emil Staiger, *Grundbegriffe der Poetik*, Zürich 1946.

56 [55] Es sind vor allem folgende Aufsätze von Günther Müller von
Wichtigkeit: „Erzählzeit und erzählte Zeit", *Festschrift für
P. Kluckkohn und H. Schneider*, Tübingen 1948, S. 195—212; „Über
das Zeitgerüst des Erzählens", *DVjs* 24 (1950), S. 1—32; „Aufbauformen des Romans", *Neophilologus* 27 (1953), S. 1—14.

56 [56] E. Lämmert, *Bauformen des Erzählens*, S. 42. Die Typenreihen
werden in dem Abschnitt „Grundtypen des Erzählvorganges",
S. 35 ff. beschrieben.

59 [57] Günther Müller, „Aufbauformen des Romans", a.a.O., S. 8.

61 [58] Vgl. dazu Reinhold Grimm, „Roman des Phänotyp", *Akzente*
1962, S. 463—79, wo auch noch andere Werke dieser Art bespro-
chen werden.

61 [59] Henry James, *The Art of Fiction*, S. 75.

63 [60] Zu diesem Begriff vgl. Hermann Meyer, „Zum Problem der
epischen Integration", *Trivium* VIII (1950), S. 299—318.

63 [61] Wolfgang Kayser, *Das sprachliche Kunstwerk*, S. 362 ff. und
Entstehung und Krise des modernen Romans, Stuttgart 1955,
S. 23 ff.

64 [62] Edwin Muir, *The Structure of the Novel*, London 1928, S. 23 ff.

66 [63] Schon Otto Ludwig hat in seinem Aufsatz „Wesen und Tech-
nik des Romans bei den Engländern" Unterschiede dieser Art zwischen dem deutschen und dem englischen Roman festgestellt; vgl.
Gesammelte Schriften, VI, S. 59 ff.

67 [64] Vgl. W. Kayser, *Entstehung und Krise des modernen Romans*,
S. 25 f.

INHALT

Walter Hinck

Das moderne Drama in Deutschland

Vom expressionistischen zum dokumentarischen Theater   Sammlung Vandenhoeck

In knapper, übersichtlicher Darstellung werden die Entwicklungslinien vom Expressionismus bis zur Gegenwart, d. h. bis zum dokumentarischen, politischen und Straßentheater nachgezeichnet. Dabei gelingt es dem Autor, sowohl wissenschaftlichen Ansprüchen gerecht zu werden wie dem Informationsbedürfnis eines breiten Lesepublikums Rechnung zu tragen.   *Journal of English and Germanic Philology*

Harald Hartung

Experimentelle Literatur und konkrete Poesie

Kleine Vandenhoeck-Reihe 1405

Sehr genau mit Einzelinterpretationen, Erörterungen theoretischer Diskussionen und historischen Exkursen verfolgt Hartung die Entwicklung dieser avantgardistischen Literaturbewegung: behutsam, aber doch entschieden und ohne hämische Untertöne analysiert er die Gründe ihres Scheiterns, um schließlich die methodischen und ästhetischen Ergebnisse dieser radikalen Sprachexperimente auf ihre Tauglichkeit für eine Erweiterung der literarischen Erfahrung hin zu prüfen.   Frankfurter Allgemeine Zeitung

Helmut Kreuzer

Veränderungen des Literaturbegriffs

Fünf Beiträge zu aktuellen Problemen der Literaturwissenschaft

Kleine Vandenhoeck-Reihe 1398

Helmut Kreuzers Arbeiten sind Beispiele einer undogmatischen modernen Literaturwissenschaft. Sie zeigen die Veränderungen des Literaturbegriffs, diskutieren jüngste Entwicklungen und eröffnen weiterführende Perspektiven. Trotz gelegentlich kritisch-polemischer Zuspitzung wird sachlich und ohne modischen Jargon argumentiert.

Jürgen Gidion / Hans Paul Bahrdt

Praxis des Deutschunterrichts

Überlegungen und Materialien   Kleine Vandenhoeck-Reihe 378 S

Gidion macht – auch in den Planungsbeispielen – überzeugend das Spannungsfeld der Deutschdidaktik zwischen Konservierung und Innovation, Theorie und Praxis, pädagogischen Zielsetzungen und Bedürfnissen der Schüler sowie Ansprüchen der Gesellschaft deutlich; Bahrdt betrachtet den Deutschunterricht aus der Sicht des Soziologen und reflektiert die Möglichkeiten interdisziplinärer Kooperation. Dabei werden Gidions Überlegungen wieder aufgenommen und auf hochschuldidaktische Konsequenzen (Deutschlehrerausbildung) hin reflektiert. Eine nützliche Einführung in die Problemlage der Deutschdidaktik.   *Germanistik*

VANDENHOECK & RUPRECHT IN GÖTTINGEN UND ZÜRICH

Kleine Vandenhoeck-Reihe

**1395 Deutsche Literatur
und Französische Revolution**

1974. 117 Seiten

Mit Beiträgen von Richard Brinkmann, Gonthier-Louis Fink, Gerhard Kaiser, Walter Müller-Seidel, Lawrence Ryan, Kurt Wölfel

**250(S) Die deutsche Romantik
Poetik, Formen und Motive**

Herausgegeben von Hans Steffen
2. Auflage 1970. 287 Seiten

Mit Beiträgen von Herbert Anton, Paul Böckmann, Richard Brinkmann, Claude David, Werner Kohlschmidt, Eberhard Lämmer, Hugo Moser, Walter Müller-Seidel, Wolfgang Preisendanz, Wolfdietrich Rasch, Karl Ludwig Schneider, Hans Steffen, Ingrid Strohschneider-Kohrs, Harl Heinz Volkmann-Schluck

**208(S) Der deutsche Expressionismus
Formen und Gestalten**

Herausgegeben von Hans Steffen
2., durchgesehene Auflage 1970. 240 Seiten

Mit Beiträgen von Paul Böckmann, Richard Brinkmann, Wilhelm Emrich, Werner Haftmann, Erich von Kahler, Werner Kohlschmidt, Eberhard Lämmert, Johannes Langner, Fritz Martini, Hans Konrad Röthel, Karl Ludwig Schneider, Hans Heinz Stuckenschmidt

271(S) **Das deutsche Lustspiel. Band I und II**
277(S) Herausgegeben von Hans Steffen
1968/69. 242 und 217 Seiten

Mit Beiträgen von Beda Allemann, Herbert Anton, Jean Louis Bandet, Paul Böckmann, Richard Brinkmann, Heinz Otto Burger, Claude David, Hans-Egon Hass, Walter Hinck, Marianne Kesting, Gerhard Kluge, Fritz Martini, Wolfdietrich Rasch, Walter Müller-Seidel, Wolfgang Preisendanz, Karl Ludwig Schneider, Hans Joachim Schrimpf, Herbert Singer, Hans Steffen, Benno von Wiese

VANDENHOECK & RUPRECHT IN GÖTTINGEN UND ZÜRICH